朝鮮治安関係資料集成　解説

不二出版

『朝鮮治安関係資料集成』収録資料一覧

配本	第Ⅰ期　第1回配本			
巻	第1巻			
資料番号	資料名	編著者名	発行年月日	所蔵館
1	朝鮮統治ニ関スル外国人ノ批評　大正十二年三月〈情報彙纂第一〉	ゼー・イー・ムーア＝述　マツケンジー＝著　ヘンリー・エム・ブルーエン＝書簡／朝鮮総督府朝鮮情報委員会	1920年12月28日	韓国国会図書館
2	朝鮮評論（KOREA REVIEW）布哇国民報及独逸新聞記事摘要　大正十二年三月〈情報彙纂第二〉	朝鮮総督府朝鮮情報委員会	1921年3月28日	韓国国会図書館
3	朝鮮評論（KOREA REVIEW）米国著書及独逸新聞記事摘要　大正十二年三月〈情報彙纂第三〉	朝鮮総督府朝鮮情報委員会	1921年1月28日	韓国国会図書館
4	朝鮮評論（KOREA REVIEW）布哇米国新聞刊行物及通信記事摘要　大正十二年三月《秘》〈情報彙纂第四〉	朝鮮総督府朝鮮情報委員会	1921年3月28日	韓国国会図書館
5	英米に於ける朝鮮人の不穏運動　大正十二年三月《秘》〈情報彙纂第五〉	山上昶＝談／朝鮮総督府朝鮮情報委員会	1921年4月28日	韓国国会図書館
6	朝鮮ノ復活ノ梗概　大正十年八月《秘》〈情報彙纂第六〉	申興雨＝著／朝鮮情報委員会	1921年	韓国国会図書館
7	朝鮮ニ関スル外国人ノ評論　大正十年八月《秘》〈情報彙纂第七〉	ピー・エス・スミス＝著　ビゲロー、エフ・スタール＝講演／朝鮮情報委員会	1921年	韓国国会図書館
8	朝鮮ニ関スル海外刊行物記事摘要　大正十年九月〈情報彙纂第八〉	朝鮮情報委員会	1921年	韓国国会図書館
9	布哇在留朝鮮人一班状態　大正十二年二月《秘》〈情報彙纂第十〉	朝鮮情報委員会	1923年	韓国国会図書館
10	朝鮮人の思想　大正十二年四月《秘》〈情報彙纂第十一〉		1923年	韓国国会図書館
11	朝鮮に就て　大正十二年年六月〈情報彙纂第十二〉	副島道正／朝鮮情報委員会	1923年	韓国国会図書館
12	朝鮮事情機密通信　第一号《極秘》		1924年12月15日	韓国国立中央図書館
13	朝鮮事情機密通信　第二号《極秘》		1925年2月1日	韓国国立中央図書館
14	騒擾事件ノ概況　其一～其四《極秘》	朝鮮総督府警務局		山口県文書館

表（第2巻。21〜33は「第2巻」の範囲）

番号	標題	発行者	年	日付	所蔵
15	不逞運動ノ真相	朝鮮総督府警務局	1921年		筑波大学附属図書館
16	米国ニ於ケル朝鮮独立運動ニ関スル調査報告書 《秘》	朝鮮総督府警務局	1920年		不二出版
17	最近ニ於ケル治安情況 大正九年十二月《秘》	朝鮮総督府警務局	1921年	1921年5月17日	山口県文書館
18	最近ニ於ケル治安情況 大正十年十二月《秘》	朝鮮総督府警務局	1921年		山口県文書館
19	〔治安情況 大正十二年〕	〔朝鮮総督府警務局〕	1923年		山口県文書館
20	在中国韓人青年同盟ノ創立ニ関スル件 《朝保秘第二七四一号》	保安課	1929年		山口県文書館
21	北京在留朝鮮人ノ概況 《朝保秘第一三〇九号・北二五四号》	警務局木藤通訳官	1927年	1927年6月16日	山口県文書館
22	在満鮮人思想団体分布状況ニ関スル件 《朝保秘第一二二七号》	朝鮮総督府警務局長	1928年	1928年5月17日	山口県文書館
23	在中国韓人青年同盟ノ創立 昭和三年十月	朝鮮総督府警務局	1928年	1928年11月24日	山口県文書館
24	在中国韓人青年同盟ノ創立ニ関スル件 《朝保秘第二七四二号》	朝鮮総督府警務局長	1929年		山口県文書館
25	在外不逞鮮人団体調 昭和四年十二月《秘》	警務局保安課	1929年	1929年3月28日	国立国会図書館
26	朝鮮ニ於ケル同盟休校ノ考察 昭和四年二月《秘》《高等警察資料第三輯》	朝鮮総督府警務局	1930年		高麗大学図書館
27	〔元山労働争議ニ関スル新聞ノ論調〕昭和五年二月《調査資料第九輯》	〔朝鮮総督府警務局図書課〕	1930年		国立国会図書館
28	咸鏡南道甲山郡火田民家放火事件ト諺文紙 昭和五年一月《秘》《調査資料第十五輯》	朝鮮総督府警務局図書課	1930年	1930年6月15日	ソウル大学中央図書館
29	諺文新聞ノ詩歌 昭和五年五月《調査資料第二十輯》	朝鮮総督府警務局図書課	1930年		国立国会図書館
30	天道教概論 昭和五年五月《秘》《調査資料第二十二輯》	朝鮮総督府警務局図書課	1930年		韓国国会図書館
31	出版物ヨリ観タル朝鮮人学生ノ思想的傾向 昭和六年三月《秘》《調査資料第二十五輯》	朝鮮総督府警務局図書課	1931年	1931年5月30日	ソウル大学中央図書館
32	不穏刊行物記事輯録 昭和九年一月《調査資料第三十七輯》	朝鮮総督府警務局	1934年	1934年4月21日	韓国国立中央図書館
33	本道青年会状況 大正十三年五月	全羅南道	1924年		不二出版

巻	No.	資料名	作成者	年月	所蔵
第Ⅱ期　第1回配本					
	34	朝鮮事情　完《秘》〈外事講習パンフレット4〉	田中武雄／財団法人警察協会福岡支部	1925年12月15日	国立国会図書館
第3巻	35	李王殿下ノ薨去ニ際シ「諺文新聞紙ヲ通シテ見タル」朝鮮人ノ思想傾向《秘》	警務局図書課		ソウル大学中央図書館
第3巻	36	活動写真　フィルム　検閲概要　自大正十五年八月　至昭和二年七月	朝鮮総督府警務局		韓国国立中央図書館
第3巻	37	間島問題の経過と移住鮮人《秘》〈高等警察資料〉	警務局	1931年7月	国立公文書館
第3巻	38	思想犯罪捜査実話集《秘》〈高等警察資料〉	警務局保安課	1934年12月	山口県文書館
第3巻	39	朝鮮共産党事件《秘》	京城地方法院検事局		ソウル大学中央図書館
第3巻	40	朝鮮治安維持法違反調査（一）資料――大正十四年五月十二日施行日より昭和三年二月末日迄確定判決――	高等法院検事局	1928年10月	滋賀県立大学図書情報センター　朴慶植文庫
第3巻	41	朝鮮社会運動――その他二篇――《秘》	高等法院検事局	1928年10月	滋賀県立大学図書情報センター　朴慶植文庫
第3巻	42	英国無産青年会則《秘》	高等法院検事局	1928年11月	滋賀県立大学図書情報センター　朴慶植文庫
第3巻	43	高麗革命党事件の研究――天道教、衡平社、正義府各員の提携――《秘》	高等法院検事局	1929年3月	滋賀県立大学図書情報センター　朴慶植文庫
第3巻	44	高麗革命党宣言《秘》	高等法院検事局	1929年3月	滋賀県立大学図書情報センター　朴慶植文庫
第3巻	45	朝鮮思想検察提要――第一冊――《秘》	高等法院検事局	1929年3月	滋賀県立大学図書情報センター　朴慶植文庫
第3巻	46	全鮮盟休事件とその刑事判決――昭和二、三年中のもの《秘》	高等法院検事局	1929年5月	滋賀県立大学図書情報センター　朴慶植文庫
第3巻	47	満洲に於ける三府の運動《秘》	高等法院検事局	1929年7月	滋賀県立大学図書情報センター　朴慶植文庫
第3巻	48	朝鮮治安維持法違反事件判決（一）《秘》	高等法院検事局	1929年10月	滋賀県立大学図書情報センター　朴慶植文庫
第4巻	49	朝鮮共産党則（二）――附朝鮮共産黨細則――《秘》	高等法院検事局	1930年4月	滋賀県立大学図書情報センター　朴慶植文庫
第4巻	50	不二西鮮農場小作争議調査報告　昭和五年六月《秘》	伊藤憲郎／朝鮮総督府検事	1930年6月	滋賀県立大学図書情報センター　朴慶植文庫

第Ⅱ期　第２回配本

巻	No.	資料名	作成者	作成年月	所蔵機関
	51	最近の思想事件―第二輯―《特秘》	高等法院検事局思想部	1930年7月	ハワイ大学
	52	京城市内女学生萬歳騒擾事件《秘》	高等法院検事局思想部	1930年7月	滋賀県立大学図書情報センター　朴慶植文庫
	53	朝鮮独立運動と国体の変革―第一、二、三の各審判決―《秘》	高等法院検事局思想部	1930年8月	滋賀県立大学図書情報センター　朴慶植文庫
	54	最近の思想事件―第三輯―《特秘》	高等法院検事局思想部	1930年9月	ハワイ大学
	55	最近の思想事件―第四輯―《特秘》	高等法院検事局思想部	1930年2月	ハワイ大学
	56	朝鮮共産主義運動の文献《秘》	高等法院検事局思想部	1931年11月	水野直樹
	57	〔朝鮮思想運動調査資料―第一輯―《秘》〕	〔高等法院検事局思想部〕	1932年11月	水野直樹
	58	朝鮮思想運動調査資料―第二輯―《秘》	高等法院検事局思想部	1933年2月	水野直樹
	59	思想問題講演集《秘》	高等法院検事局思想部	1933年3月	滋賀県立大学図書情報センター　朴慶植文庫
第５巻	60	朝鮮重大事件判決集《秘》	朝鮮総督府法務局	1930年12月15日	滋賀県立大学図書情報センター　朴慶植文庫
第５巻	61	全羅南道光州に於ける内鮮人学生闘争事件の真相並びに鮮内諸学校に及したる影響昭和五年二月調査《極秘》	朝鮮総督府學務局	1930年2月	韓国国会図書館
第５巻	62	朝鮮社会運動取締法要義	中川利吉著／帝国地方行政学会朝鮮本部	1933年4月1日	韓国国立中央図書館
第５巻	63	在滬不逞鮮人ノ思想並ニ行動現状	園田莞爾／上海総領事	1930年3月2日	山口県文書館
第５巻	64	治安情況　昭和九年三月《極秘》	京畿道警察部	1934年3月	国史編纂委員会
第６巻	65	朝鮮民族運動ノ概況　昭和十一年十月編《極秘》〈警察参考資料第二十号〉	皇宮警察部	1936年10月	東京大学法学部附属近代日本法制史料センター原資料部
第６巻	66	満洲事変前後ニ於ケル朝鮮人思想変遷情況《秘》	朝鮮軍司令部思想研究委員	1934年4月	東洋文庫
第６巻	67	朝鮮ニ於ケル思想運動概況　昭和十一年八月《秘》	朝鮮憲兵隊司令部	1936年8月	不二出版
第６巻	68	朝鮮ニ於ケル騒擾事件概況　昭和十一年十二月《秘》	朝鮮憲兵隊司令部	1936年12月	不二出版
第６巻	69	昭和十二年前半期朝鮮思想運動概観　昭和十二年八月《秘》	朝鮮軍司令部	1937年8月	防衛省防衛研究所

配本	巻	No.	資料名	編者	発行年月日	所蔵
第Ⅲ期　第１回配本	第７巻	70	朝鮮刑事政策資料―昭和五年版―《秘》	高等法院検事局	1931年2月15日	延世大学図書館
		71	朝鮮刑事政策資料―昭和九年度版―《秘》	高等法院検事局	1935年5月5日	水野直樹コピー
		72	朝鮮刑事政策資料―昭和十年度版―《秘》	高等法院検事局	1936年4月1日	水野直樹コピー
		73	朝鮮刑事政策資料―昭和十二年度版―《秘》	高等法院検事局	1938年3月1日	尚明大学図書館
		74	朝鮮刑事政策資料―昭和十四年度版―《秘》	高等法院検事局	1940年3月5日	成均館大学図書館
		75	朝鮮刑事政策資料―昭和十五年度版―《秘》	高等法院検事局	1941年3月20日	水野直樹
	第８巻	76	朝鮮刑事政策資料―昭和十六年度版―《秘》	高等法院検事局	（1942年）	高麗大学図書館
		77	朝鮮刑事政策資料―昭和十七年度版―《秘》	高等法院検事局	（1943年）	高麗大学図書館
		78	朝鮮刑事政策資料―昭和十八年度版―《秘》	高等法院検事局	（1944年）	高麗大学図書館
		79	次席検事注意事項集―昭和十六年度版―《秘》	高等法院検事局	（1942年）	高麗大学図書館
		80	次席検事注意事項集―昭和十七年度版―《秘》	高等法院検事局	（1943年）	高麗大学図書館
		81	次席検事注意事項集―昭和十八年度版―《秘》	高等法院検事局	（1944年）	高麗大学図書館
		82	次席検事注意事項集―昭和十九年度版―《秘》	高等法院検事局	（1945年）	水野直樹コピー
第Ⅲ　第２回配本	第９巻	83	総督訓示及法務局長注意事項集附保護観察所長会議総督訓示及法務局長注意事項《部外秘》 自明治四十一年至昭和十三年裁判所及検事局監督官会議	朝鮮総督府法務局法務課		韓国国立中央図書館
		84	高等法院検事長訓示通牒類纂	高等法院検事齊藤栄治	1942年1月	高麗大学
		85	大東亜戦争勃発後ニ於ケル特殊犯罪調―造言飛語及不敬事件―昭和十八年五月《秘》	高等法院検事局思想部	1943年5月	滋賀県立大学図書情報センター朴慶植文庫
		86	大東亜戦争勃発後ニ於ケル特殊犯罪調―保安法違反事件及内地等ニ於ケル各種言論事犯―昭和十八年八月《秘》	高等法院検事局思想部	1943年8月	水野直樹
		87	検察事務報告等（報告例乙号第一六号昭和一八、一二、一三法務局長通牒）一覧 昭和十九年三月《秘》	大邱覆審法院検事局	1944年3月	高麗大学図書館
	第10巻	88	朝鮮検察要報　第一号　昭和十九年三月《極秘》	高等法院検事局	1944年3月	嶺南大学校中央図書館
		89	朝鮮検察要報　第二号　昭和十九年四月《極秘》	高等法院検事局	1944年4月	嶺南大学校中央図書館
		90	朝鮮検察要報　第三号　昭和十九年五月《極秘》	高等法院検事局	1944年5月	嶺南大学校中央図書館
		91	朝鮮検察要報　第四号　昭和十九年六月《極秘》	高等法院検事局	1944年6月	嶺南大学校中央図書館

92	朝鮮検察要報　第五号　昭和十九年七月《極秘》	高等法院検事局	1944年7月	嶺南大学校中央図書館
93	朝鮮検察要報　第六号　昭和十九年八月《極秘》	高等法院検事局	1944年8月	嶺南大学校中央図書館
94	朝鮮検察要報　第七号　昭和十九年九月《極秘》	高等法院検事局	1944年9月	嶺南大学校中央図書館
95	朝鮮検察要報　第八号　昭和十九年十月《極秘》	高等法院検事局	1944年10月	嶺南大学校中央図書館
96	朝鮮検察要報　第九号　昭和十九年十一月《極秘》	高等法院検事局	1944年11月	嶺南大学校中央図書館
97	朝鮮検察要報　第十号　昭和十九年十二月《極秘》	高等法院検事局	1944年12月	嶺南大学校中央図書館
98	朝鮮検察要報　第十一号　昭和二十年一月《極秘》	高等法院検事局	1945年1月	嶺南大学校中央図書館
99	朝鮮検察要報　第十二号　昭和二十年二月《極秘》	高等法院検事局	1945年2月	嶺南大学校中央図書館
100	朝鮮検察要報　第十三号　昭和二十年三月《極秘》	高等法院検事局	1945年3月	嶺南大学校中央図書館
101	朝鮮検察要報　第十四号　昭和二十年四月《極秘》	高等法院検事局	1945年4月	韓国学中央研究院
102	朝鮮検察要報　第十五号　昭和二十年五月《極秘》	高等法院検事局	1945年5月	韓国学中央研究院
103	昭和十二年五月　諺文新聞差押記事輯録	警務局図書課	1937年5月	高麗大学図書館
104	昭和十五年八月　諺文新聞差押記事輯録	警務局図書課	1940年8月	国立国会図書
105	新聞記事差止関係事項調（9）《秘》昭和十三年九月三十日現在	朝鮮総督府警務局	1938年9月30日	韓国国立中央図書館
106	朝鮮に於ける防共運動	朝鮮総督府警務局保安課	1939年11月	韓国国立中央図書館
107	朝鮮民心ノ好転状況　附美談美挙調〈警保局保安課調査資料（昭和十九年三月）〉	国民総力朝鮮連盟	1944年3月	滋賀県立大学図書情報センター　朴慶植文庫
108	朝鮮思想運動略史（一）《厳秘》〈教養研究資料第六輯〉	警察局保安課		早稲田大学図書館
109	戦時下に於ける集会や団体等に就て（朝鮮臨時保安令の早わかり）	佐野吾作／京畿道警察部高等警察課長	1942年7月8日	水野直樹コピー
110	保護観察制度の概要　附時局対応全鮮思想報告連盟の概要	京城保護観察所	1939年2月25日	ソウル大学図書館
111	朝鮮独立思想運動の概観『憲友』第三十五巻第十一号附録	柳瀬隆／朝鮮憲兵隊司令部陸軍憲兵少佐	1941年11月	国立国会図書館

朝鮮治安関係資料集成　解説　目次

I　朝鮮治安関係資料集成　解説

朝鮮治安関係資料集成　解説

水野直樹

（本文および表において太字で示した資料は、本『資料集成』に収録したものである）

はじめに――資料収録の基準について――

『朝鮮治安関係資料集成』（以下『資料集成』とする）は、日本による植民地支配の時期に支配機関が作成した治安関係の資料を収録したものである。

収録の対象となるのは、一九二〇年代以降に作成された資料である。一九一〇年の韓国併合から一九一九年の三一独立運動にいたる時期にも治安に関わる資料は作成されていたが、本『資料集成』ではそれらの資料は収録していない。一九一〇年代に作成された資料は、三一運動期のものを除いてほとんど残存していないか、残っているとしても所在が不明となっているからである。

「治安」に関わって当局が作成した資料にはさまざまな種類のものがある。個別事件に関わる文書だけでも、事件の発生を報告する文書、事件関係者らを取り調べて作成した調書類、取り調べの結果をまとめた文書（例えば警察意見書）、裁判に関わる起訴状、予審終結決定書や判決文などの文書などがある。また、何らかの団体や運動に関して調査した文書も多く残っている。さらに、月報などの形式で定期的に治安関係の情報を収録した冊子や、「治安状況」「治安概況」などの名称で一定期間の治安状況をまとめた資料も作成された。

また、取り締まりや弾圧に関わる情報を記述した資料だけでなく、植民地支配の安定を図るためにとられる政策に関わる資料も「治安関係」資料に含めることができる。

以上のような各種の資料のうち、本『資料集成』に収録したのは、原則として次のような基準に沿って選別した資料類である。

① 概括的な内容が記述された資料を主に収録する。個別事件を扱った報告書・予審終結決定書・判決文などは原則として除外し、「汎用性」があると考えられる資料を中心にした。

② すでに復刻がなされている資料はなるべく除外する。単行本の形での復刻版だけでなく、資料集に収録されているものも復刻とみなして除外する。ただし、韓国での復刻版は小規模な出版社から出されているものが多く、また復刻のやり方にも、タイトルを変えたり、発行所・発行年を明記していなかったりするなどの問題があるので、それらの多くは復刻版とみなしていない

③ なるべく活版印刷、タイプ印刷など読みやすい資料を収録する。

④ シリーズものを重視する。治安関係当局がシリーズとして作成した資料をなるべく収録する。例えば、朝鮮総督府警務局図書課が作成した資料である。それらのシリーズについては、どのような資料が含まれているかを示すために、すでに復刻されている（あるいは資料集に収録されている）資料でもこの資料集成に収録したものがある。

⑤ 警察系統が作成した概括的な「治安状況」に関しては、断片的なものでもこれまで復刻されていないものは収録する。

⑥ これまで復刻版が少なかった朝鮮総督府の法務系統（高等法院検事局など）が作成した資料を重視する。

ただし、必ずしも厳密にこれらの原則に沿って資料を選別できたわけではない。その点は、了解をいただきたい。

なお、前述した個別事件に関わる当局作成の資料に関しては、韓国のいくつかの機関が画像ファイルあるいはテキストファイルをインターネットで閲覧できるようにしているので、参照されたい。

国史編纂委員会
　京城地方法院検事局文書綴など
国家記録院
　独立運動関連判決文
功勲電子資料館
　『独立運動史資料集』『韓国民族解放運動史資料集』など資料集として編集・刊行されたもののほか、『思想月報』『思想彙報』なども画像で閲覧できる

「治安（思想）関係文献」とは

ここで「治安関係資料」というのは、当時においては「思想関係文献」などと呼ばれることが多かった。当時の当局がどのような資料を「思想関係文献」とみなしていたのかをまず見ておこう。

それをよく示すのは、高等法院検事局に思想部が設けられた後、「検事分室」（思想部を指す）に置かれていた「秘密文献」のリストである。このリストには、**表1**のように合計五六件の「秘密文献」が記されている。[1]

表1からは、いくつもの興味深い事実を知ることができる。

第一に、朝鮮の当局が「内地」の司法省刑事局や東京地方裁判所検事局が作成した文献を参考にしていることである。朝鮮で思想部門が設置されたばかりの時期であったので、「内地」での思想関係の調査書類から知識を得ようと

表１　一九二〇年代末の「思想関係秘密文献」一覧

番号	書目	発行所	備考
1	ヴェ・マタイ著　独逸労働法原論	司法省	一九二五年刊
2	トウマス・カーカップ著　社会主義序論	司法省	一九二八年刊
3	国際労働組合連合と赤色労働組合インターナショナル	司法省	一九二五年刊
4	レーニン主義の理論及実際	司法省	アイ・スターリン著
5	マルクス・エンゲルス著　共産党宣言	司法省	外事警察研究資料 第十三輯、一九二五年刊
6	エヌ・ブハーリン著　共産主義ＡＢＣ	司法省	エヌ・ブハリン、エー・プレオブラシェンスキー著、一九二五年刊
7	ニコライ・ブハーリン著　共産党綱領	司法省	一九二五年刊
8	司法省刑事局編　思想部報―第一輯―	司法省	
9	同局編　思想調査―第二輯―	司法省	
10	同局編　思想調査―第三輯―	司法省	
11	同局編　思想調査―第四輯―	司法省	
12	同局編　思想調査―第五輯―	司法省	
13	学生社会運動真相	司法省	検事南部金夫の報告書を印刷したもの
14	京都学生事件身上調査	司法省	司法省刑事局編『思想研究資料』第七輯（一九二八年刊）の一部か。
15	赤き宣伝煽動の指針	陸軍省調査班	
16	松井太久郎少佐講演筆記「ソヴェート」社会主義共和国連盟の研究	高等法院検事局	
17	京畿道警察部編　治安概況	京畿道警察部	
18	社会主義の諸分派略説―思想労働問題に関する参考書―	東京地方裁判所検事局	
19	朝鮮共産党事件證憑書類写	京畿道警察部	

20	秘密結社朝鮮共産党事件検挙	京畿道警察部	
21	労農ロシヤの現状	警務局	
22	労農運動の概況	警務局	
23	現下の朝鮮総督府の経済策	警務局	
24	浦塩、沿海県学務局訳纂　文盲退治成人読本	警務局	
25	**李王殿下の薨去に際し諺文新聞を通して見たる朝鮮人思想傾向**	警務局	警務局図書課作成、一九二六年。
26	朝鮮共産党事件刑事記録写	京城地方法院	七冊
27	京城鍾路警察署調査　思想要視察人名簿写	京城鍾路警察署	
28	司法書記官瀧川英雄作成　絶食調査に関する報告書	司法省	
29	泉哲著 朝鮮を如何にすべきや ―外交時報昭和三年第一号所載―	外交時報社	＊
30	高等法院検事長訓示通牒類纂	高等法院検事局	
31	満蒙の米作と移住鮮農問題	警務局	『㊙在外鮮人調査報告　満蒙の米作と移住鮮農問題』東洋協会、一九二七年刊
32	今村力三郎著　二回の法廷に列して	警務局	＊
33	農村振興策如何	警務局	＊
34	「俄国共産党の罪悪」訳文	警務局	
35	労働階級の事業の為に闘争の準備をせよ ―ピオネル（指導者）読本―	警務局	
36	朝鮮憲兵隊司令部調査　新幹会並其の首脳幹部調書	朝鮮憲兵隊司令部	
37	日本の政治的趨勢―朝鮮日報所載―	警務局	
38	**治安状況―大正十二年―**	警務局	
39	治安状況―大正十一年、国外―	警務局	

40	治安状況―大正十一年、鮮内―	警務局	
41	治安概況―大正十三年―	京畿道警察部	
42	太平洋会議以降最近に至る在外不逞運動の状況	警務局	
43	司法省刑事局編　思想調査―第六輯―	司法省刑事局	
44	朝鮮の言論と世相	総督府	［朝鮮総督府］調査資料　第二一輯　朝鮮総督府官房文書課調査課訳編、一九二七刊。
45	朝鮮の犯罪と環境	総督府	調査資料第二三輯（善生永助）一九二八年刊。
46	朝鮮憲兵隊司令部調査　槿友会並首脳幹部調書	朝鮮憲兵隊司令部	
47	高橋貞樹著　特殊部落一千年史―水平運動の境界線―	更生閣（京都）	*
48	朝鮮人の思想と性格	総督府	調査資料第二〇輯（村山智順）一九二七年刊。
49	司法省刑事局編　思想研究資料―第七輯―	司法省刑事局	内容は「学生治安維持法違反事件梗概」。一九二八年刊
50	朝鮮の独立思想及運動	総督府	調査資料第十輯（朝鮮総督官房庶務部調査課、村山智順調査）一九二四年
51	内鮮問題に対する朝鮮人の声	総督府	調査資料第十二輯、一九二五年
52	晩近鮮内思想運動の情勢	朝鮮憲兵隊司令部	
53	共産運動研究資料集―第一巻―	外務省	外務省欧米局第一課調書、「サッコ・ヴンゼッチ死刑事件」「浦潮ニ於ケル赤化宣伝状況」「高麗共産党ト其ノ活動」など。
54	東京地方裁判所検事局調査　思想及労働団体略表	東京地方裁判所検事局	
55	同局調査　無産政党略名簿	東京地方裁判所検事局	
56	同局調査　日本共産党事件押収物件写	東京地方裁判所検事局	

（出典）秘密文献（高等法院検事分室備付に係るもの）（『朝鮮思想検察提要―第一冊―』四五―四八ページ、『資料集成』第三巻二八八ページ）

したのは当然であった。**表1**の8～12、43に記されている司法省刑事局編の「思想部報」または「思想調査」というシリーズの文献は、これまでの研究では知られていないものである。所在を調査する必要があろう。

第二に、「秘密文献」としていないながら、実際は当時一般に販売されていた書籍や雑誌（例えば29）も、共産主義運動や社会運動の実情を知る上で重要な資料としていたことである。備考欄に＊を記した資料がそれに当たる。思想担当とされた検事もそれらの文献を読んで「学習」することから始めたといってよい。32、33などは警務局発行とされているが、タイトルから見て警務局が作成したものとは思えず、「一般書」に近いものだったと思われる。

第三に、19「朝鮮共産党事件證憑書類写」、26「朝鮮共産党事件刑事記録写」、27「京城鍾路警察署調査　思想要視察人名簿写」など、事件の捜査記録や当局の現用文書の類も交じっていることである。特に26「朝鮮共産党事件刑事記録写」は七冊と記されており、印刷されたものではなく、事件に関する捜査書類や訊問調書をまとめたものであったと考えられる。捜査記録であっても治安状況を把握するのに役立つとみなされた文書などが「思想関係の秘密文献」とされていたのである。

第四に、**表1**の中には治安機関とは区別される総督府の調査部局が作成した調査資料が五冊含まれていることである。44、45、48、50、51である。これらは、総督官房文書課調査係などに属する調査マン善生永助、村山智順らによって編纂されたものである。この調査資料シリーズは「秘密文献」ではなく、原則として一般に公開されるものだったが、**表1**にあげられている五冊のうち第十輯「朝鮮の独立思想及運動」、第十二輯「内鮮問題に対する朝鮮人の声」、第二〇輯「朝鮮人の思想と性格」、第二一輯「朝鮮の言論と世相」の表紙には、㊙が印刷されており、部外者は閲覧できないものとなっている。そのためであろう、これらは高等法院思想部で「秘密文献」として扱われていたことを知ることができる。ちなみに、この総督府調査資料のうち、第一輯「一九一九年の埃及大暴動」、第三輯「印度統治に対する批判」、第九輯「旧独領波蘭統治概観（前編）」、第三〇輯「英領印度の民族運動」、第三三輯「英領印度の民族運動　続編其の一」の表紙にも㊙が印刷されている。日本のみならず欧米植民地の実情やそれに対する批判的な意見を記した文献が外部の人間（朝鮮人を想定したといえる）には秘密にされていたのである。

表1に記されている「秘密文献」の作成者は、朝鮮の治安関係機関としては高等法院検事局、朝鮮憲兵隊司令部、朝鮮総督府警務局、京畿道警察部、京城鍾路警察署ということになる。法務―検察系統の高等法院検事局、軍事警察である朝鮮憲兵隊司令部、そして普通警察機関である朝鮮総督府警務局、京畿道警察部、京城鍾路警察署がそれぞれ治安に関わる「秘密文献」を作成していたことを示している。

以下では、本『資料集成』に収録した資料の主な作成機関についてその概略を記すこととする。それを通じて一九二〇年代以降の朝鮮においてどのような治安機関がどのような資料を作成していたかを知ることができるであろう。そのような情報を整理することによって、植民地期朝鮮の治安状況、広くいえば社会状況を明らかにするために利用できる資料がどのような形で残っているか、見ることができるかをおおよそ把握できると考えられる。逆にいえば、現在は所在不明で利用できない資料ではあっても、どのような資料がつくられていたかを推測できることにもなる。それによって、今後、関係資料が新たに発見・発掘されることも期待したい。

朝鮮総督府情報委員会

本『資料集成』第一巻に収録された一一件の資料を作成したのは朝鮮総督府情報委員会である。これは総督府の正式の部局ではなく、ある一定の目的に沿って調査を行ない、その結果を発信するために、部局をこえて設置された機関であった。

朝鮮総督府情報委員会に関しては、すでに早く姜東鎮の研究書『日本の朝鮮支配政策史研究』（東京大学出版会、一九七九年）で触れられており、韓国で研究論文も発表されている。(2)

三一独立運動の衝撃を受けて、新総督斎藤實が「文化政治」を標榜する中で「情報」（情報の収集・分析とその拡散・宣伝）の重要性を踏まえて、総督府の官僚だけでなく民間人も含めて情報委員会を構成した。

一九二〇年一一月二〇日に定められた朝鮮総督府訓令第五九号「朝鮮情報委員会規程」[3]では、委員長に政務総監、副委員長に庶務部長、委員に総督府の高等官や学識経験者を充てるとしたうえ、委員会の調査審議事項として「朝鮮事情ノ内地及外国ニ対スル紹介」「内地事情ノ朝鮮ニ対スル紹介」「施政ノ真相ニ関スル紹介」「施政方針ノ周知普及」をあげている。この規定では宣伝を主な任務としているが、実際には海外での朝鮮独立運動や日本の朝鮮支配に対する欧米諸国の認識などに関する情報の収集に力点が置かれた。委員長は政務総監水野錬太郎であり、委員には警務局事務官丸山鶴吉、官房秘書官守屋栄夫、鉄道部長弓削幸太郎、高等法院検事笠井健太郎、財務局司計課長林茂樹、内務局第一課長渡邊豊日子などが就き、幹事は庶務部文書課事務官の半井清が務めた。民間人としては、山縣五十雄（総督府御用紙『ソウルプレス』社長）、丹羽清次郎（京城ＹＭＣＡ総主事）、大垣丈夫（京城通信社社長）、萩谷壽夫（朝鮮新聞社社長）が任命された[4]。また、庶務部文書課に情報係が置かれ、事務官、通訳官、嘱託などの職員が配置され、情報委員会の業務を分担することとなった[5]。委員には一人の朝鮮人もいなかった。

一二月二日総督府会議室で開かれた第一回会議で、委員長水野錬太郎は、次のように述べている[6]。

> 情報委員会は内地朝鮮相互の事情を紹介し以て内鮮融和の一端となし更に近時朝鮮事情の誤伝せらるること多きに鑑み施政の真相を内外に闡明し同時に施政方針の徹底と各種施設の趣旨を周知せしめむとするに就て重要の審議を為さむとするものにして〔下略〕

つまり、情報委員会の任務は、「内地」と朝鮮間の相互の事情紹介を通じて「内鮮融和」を図るとともに、他の外国に向かって朝鮮支配の正当性を宣伝することにあったのである。情報委員会は、総督府の機関雑誌である『朝鮮』の編集にも関与し、在朝日本人や朝鮮人官吏などの「内地」視察団を組織したり、その様子を撮影した活動写真を上映したりする活動を行なった。さらには、情報委員が朝鮮各地に出向いて講演会の開催、小冊子・絵葉書の配布などをした。一九二一年四月に各道で一斉にこのような活動が行なわれたが、これについて委員会幹事の半井文書課長は、次のように語っている。(7)

新総督が着任して以来、一年半になるが、その間、内鮮人一視同仁の方針によって各般の施政に種々の改善を加え、また一面では警務機関の活動によって不逞運動取締も漸次徹底するに至り、今では一般鮮人の民心が平穏になったのは、誠に喜ばしいところだ。しかし、総督政治の真相が一般に充分徹底しておらず、種々の誤解もあり、また真に総督府の施政を諒解していない者があるのは、誠に遺憾である。故に先般情報委員会が設置されて以来、総督府政治の真相をなるべく地方に周知させ徹底させるために種々計画を立てたが、今回いよいよその実行に着手することになった。

これに合わせて、総督府の御用新聞『京城日報』と『毎日申報』は、四月一六日に「施政周知記念号」を発行した。『京城日報』第一面には、政務総監水野錬太郎「周知運動施行に際して」、警務局長赤池濃「朝鮮は現世の楽土」、侯爵李完用「迷へる同胞よ、今日より目醒めよ」、内務局長大塚常三郎「知らしむ可く頼らしむ可し」、殖産銀行頭取有賀光豊「統治上の一進歩」などの談話が大きく掲載されている。

ただし、情報委員会によるこのような宣伝活動は、一九二一年四月に行なわれただけで、長続きしなかった。宣伝活動よりも力点が置かれたのが、情報収集活動であった。その成果として刊行されたのが、「情報彙纂」と題するパンフレットのシリーズである。

一二冊作成された情報彙纂のシリーズでは、第一から第八までが一九二一年九月までに印刷されている。第一から第五までの表紙に「大正十二年三月」と印刷されているが、奥付では「大正九年十二月」「大正十年三月」「大正十年四月」などとされており、奥付の方が正しいと思われる。おそらく、一九二〇年から二一年にかけて作成されたものを一九二三年にまとめて再印刷したのであろう。

当初に作成された「情報彙纂」の多くは、**資料1、2、3、4、7、8**などに見られるように、海外の新聞・雑誌に掲載された記事を翻訳・紹介するものであった。三一運動とその後の朝鮮独立運動が諸外国でどのように受け止められているかを総督府が注視していたことを示している。総督府はそれらの記事を収集するために、日本政府の在外機関と情報の共有を図ったと思われる。その結果、**資料9「布哇在留朝鮮人一班状態」**のように、ハワイ駐在の日本政府機関が調査した在留朝鮮人の概況を入手して印刷に付したものも「資料彙纂」として作成された。また、**資料5の「英米に於ける朝鮮人の不穏運動」**は、朝鮮総督府嘱託としてワシントン会議に出張した山上昶（評論家、のち日本大学教授）が直接調査した内容を収録したものである。三一独立運動後、主に米国で展開される独立運動とそれを支援するアメリカ人などの動きに警戒の念を抱いていたことがわかる。

情報委員会の「資料彙纂」は後になると、講演や評論をそのまま掲載するようになった。

資料10「朝鮮人の思想」の著者杉浦武雄は、一九一六年に東京帝国大学法学部を卒業した後、司法官試補を経て一九一九年に総督府判事となり、京城地方法院判事を務めていたが、このパンフレットを出した後の一九二三年三月に京城覆審法院判事を辞して、翌年衆議院議員選挙に立候補して当選した。その後、当落を重ねながら政治家として活躍、中野正剛らの東方会に所属した。杉浦は情報委員会の委員でなかったが、司法官として独立運動家と接した経験をもとにこの「朝鮮人の思想」を論じる文章を書き、それが情報委員会のパンフレットに採用されたものと思われる。

資料11「朝鮮に就て」は、最初に記されているように一九二三年五月二二日に「京城銀行集会所」で副島道正が行なった講演の記録である。副島は伯爵副島種臣の三男で爵位を受け継ぎ、一九一八年から貴族院議員を務めていたが、一九二三年に朝鮮を訪れ、朝鮮銀行本店（「京城銀行」となっているのは間違いであろう）で講演をした。副島自身が述べているように、初めて朝鮮の地を踏んだ「素人」である副島の話が情報委員会のパンフレットになったのは、どのような理由からか不明だが、翌一九二四年八月から京城日報社長を務めることになるので、まったく朝鮮問題に関心がなかったわけではないだろう。副島は、一九二五年一一月に『京城日報』に論説「朝鮮統治の根本義」を書き、朝鮮自治論を主張したことで知られる。これについては、姜東鎮、[8]趙聖九[9]らの研究があり、副島の主張の背景に関して総督府当局や東亜日報グループなどとの関係が論じられてきたが、一九二三年に行なったこの講演「朝鮮に就て」はこれまでの研究ではあまり注意されていない。[10]副島は朝鮮の共産主義運動は弾圧すべきだが、失った独立を取り返そうとする運動は「如何なる善政を布いてもあるべき思想」としたうえで、「永久朝鮮をサブジエクト、レース〔被支配民族〕として取扱ふことは出来ないのであります、〔中略〕早晩参政権を与へるか、或は自治制を与へると云ふ必要がある」と論じている。[11]後に副島が朝鮮自治を主張するようになる萌芽がこの講演に見られるといえる。

ところで、この講演は、総督府の雑誌『朝鮮』一九二三年七月号の巻頭にも、同じ「朝鮮に就て」と題して掲載されている。「大正一二年五月二一日京城読書協会員の為に銀行集会所に於て試みられた講演要旨」とされている。情報彙纂のパンフレットと対照すると、『朝鮮』掲載の講演録は、前半はいくつかの文章が削られてはいるが、ほぼ同文といえる。しかし、後半部分（『朝鮮の自由のための闘い』の著者マッケンジーとの書簡のやりとりなどを紹介した部分）はかなり省略されていることがわかる。雑誌に掲載するために短くしたように思われるが、三一独立運動の中で起こった「水原事件」（堤岩里の虐殺事件）にも触れてマッケンジーと論争したことを紹介する部分が省略されており、何らかの意図が働いたものと思われる。

なお、情報彙纂のシリーズでは第九輯として一九二二年に「比律賓の教育及其の将来」が刊行されているが、朝鮮に関する内容でないため、本『資料集成』には収録しなかった。

情報委員会は、一九二四年一二月、総督府内に設置されていた他の委員会とともに廃止された。その理由は、委員会の目的とされる日本及外国に対する朝鮮事情の紹介、日本事情の朝鮮に対する紹介、施政の真相の紹介、施政方針の周知普及は「今日すでにその必要を認めないため」とされた(12)。

朝鮮総督府警務局（高等警察課、保安課）

植民地期の朝鮮で最も広い範囲で治安維持の役割を果たしていたのは、警察であったことは間違いない。治安に関わる資料についても多くが警察の作成にかかるものであった。

植民地朝鮮における警察は、韓国併合直前の一九一〇年六月に韓国政府の警察機構を日本の憲兵隊が掌握し、警務総監部を設置したところから始まった。同年八月の韓国併合、一〇月の朝鮮総督府設置によって警察機構は憲兵隊司令部（後述）が警務総監部を、各道の憲兵隊本部が各道警務部を兼ね、その下に都市部（日本人居留地がある都市など）や鉄道沿線に警察署、農村部や軍事上の重要地点、国境地帯に憲兵分隊が置かれるという体制になった。いわゆる「憲兵警察制度」である。

警察の元締めである警務総監部には庶務課、高等警察課、警務課、保安課、衛生課が置かれ、各道警務部もほぼ同じ業務体制を敷いた。治安に関わる業務は主に高等警察課が担当し、資料も作成されたと思われるが、一九一〇年代にどのような資料がつくられたかはほとんどわかっていない。

朝鮮の警察制度とその機構が大きく変わったのは、一九一九年の三一独立運動の衝撃を受けて実施された官制改革によってである。同年八月、朝鮮総督として赴任した斎藤實のもとで警察制度についても改革が実施され、憲兵警察制度は普通警察制度に改められた。憲兵の業務は本来の軍事警察の機能に縮小され、それにかわって普通警察（あるいは文官警察）が植民地朝鮮の治安維持を担当することとなった。警務総監部は総督府警務局に代わり、各道警察の権限は道知事に属するものとされ、道に第三部（一九二一年二月に警察部と改称）が置かれた。

警務局に高等警察課、警務課、保安課、衛生課が置かれる点では、警務総監部時期とあまり変わりがなかったが、これらを統括する局長や課長には主に日本「内地」の内務官僚が就任し、従来の憲兵主導の警察運営は改められることとなった。

一九二六年四月の総督府官制の改正によって、警務局の高等警察課が廃止され、図書課が新たに設置された。従来、高等警察課が行なっていた出版物検閲業務や新たに加えられた活動写真フィルムの検閲業務は図書課が担当し、高等警察に関わる業務は保安課に移されることとなった。ただし、道警察部においては、従来どおり高等警察課、警務課、保安課、衛生課という体制が維持された（京畿道にのみ刑事課があった）。

その後長くこの体制が続いたが、一九四一年三月、戦時体制に適合する警察機構に改めるために官制が改正され、警務局は警務課、防護課、経済警察課（一九四〇年二月設置）、保安課、図書課（一九四三年一二月廃止、保安課に統合）、衛生課という体制になった。各道の警察部もほぼこれと同じ体制となったが、京畿道と咸鏡北道には、一九三六年一一月に外事警察課が置かれていた。(13)

以上のような警務局の体制の下で、治安に関わる資料は一九二六年までは主に高等警察課、その後は保安課が作成した（図書課作成の資料については、後述する）。本『資料集成』に収録している資料のうち作成者が「警務局」としか書かれていないものは、当初は高等警察課、一九二六年以降は保安課が作成したものと考えてよい。

本『資料集成』収録の如何を問わず警務局の名前でシリーズ的に刊行された資料を列挙すると、次のようになる。

（1）各年度「治安状況」（「治安情況」）「最近に於ける朝鮮治安状況」

（2）「高等警察資料」シリーズ

（3）『高等警察報』（一九三三年～三七年）

表2　警務局「治安状況」一覧

表題	作成年月
官制改正後一年間ニ於ケル治安情況	一九二〇・八
大正九年十二月　最近ニ於ケル治安情況（部分）	一九二〇・一二
大正十年十二月　最近ニ於ケル治安情況（部分）	一九二一・一二
大正十一年　朝鮮治安状況（国外・鮮内）	一九二二・一二推定
大正十二年　治安状況	一九二三・一二
大正十三年十二月　治安状況	一九二四・一二
昭和二年十二月　治安状況	一九二七・一二
〔昭和四年〕治安状況（部分）	一九二九・一〇推定
昭和五年十月　治安状況	一九三〇・一
最近ニ於ケル朝鮮治安状況　昭和八年版	一九三四
最近ニ於ケル朝鮮治安状況　昭和十一年五月	一九三六・五
昭和十二年　治安状況	
最近ニ於ケル朝鮮治安状況　昭和十三年版	一九三九

（4）『高等外事月報』（一九三九年七月～四〇年九月）

警務局は一九二〇年から「治安情況」「治安状況」「最近に於ける朝鮮治安状況」などと題した資料を、ほぼ毎年作成していたと見られる。現在、復刻版などの形で見られるものは、**表2**のとおりである[14]。

当初は、ガリ版刷りであったが、内容・目次が整理されるとともに、少なくとも昭和八年版の「最近に於ける朝鮮治安状況」からは活版印刷となった。朝鮮内の各種運動だけでなく、満洲（中国東北部）や中国、米国、ソ連などの地域での朝鮮人の運動、そして日本「内地」への朝鮮人渡航の問題、出版物に対する取り締まりの状況など、治安に関わる諸問題を幅広く扱っており、この種の資料の代表的存在といってよい。

すでに多くが復刻ないし翻刻されているので、本『資料集成』ではまだ復刻のない年度の

表3　警務局「高等警察資料」

	表題	刊行時期
第一輯	高等警察用語集　附注意日表	一九二八
	高等警察用語集（追録）附注意日表	一九三〇
	高等警察用語集	一九三二
	高等警察用語集―部外秘―	一九三三
	高等警察用語集―部外秘―	一九三五
	高等警察用語集―部外秘―	一九四一
第三輯	**朝鮮に於ける同盟休校の考察**	一九二九
	高等警察関係年表	一九二九
	在満鮮人ト支那官憲：附満洲ニ於ケル排日運動	一九三〇
	国際共産党と支那革命	一九三〇
	間島問題の経過と移住鮮人	一九三一
	思想犯罪捜査実話集	一九三三
	ソヴェート連邦五ケ年計画の検討	一九三三
	最近に於けるソ連国内事情	一九三三
	共産主義運動に関する文献集	一九三六
	コミンテルンの人民戦線戦術	一九三六

「治安状況」を断片的ではあるが収録することとした。**資料17、18、19**である。

警務局では、「治安状況」シリーズのほか、高等警察資料と題するシリーズを作成していた。**表3**のとおりである。一九二八年に高等警察資料第一輯として出された『高等警察用語集』がその最初である。これは現場の警察官などに各種運動とそれに関わる用語についての知識を提供するために編集されたもので、一九四一年まで繰り返し印刷されることになった。

高等警察資料のうち番号が付けられているのは、「高等警察用語集」のほか、**資料26の「朝鮮に於ける同盟休校の考察」**が第三輯とされているだけである。番号は付いていないが、表紙に「高等警察資料」と印刷されている資料を**表3**にあげておいた。コミンテルンやソ連、中国などの動向を調査した資料が多いことがわかる。本『資料集成』には、**資料37「間島問題の経過と移住鮮人」**と**資料38「思想犯罪捜査実話集」**を収録した。

資料38「思想犯罪捜査実話集」は、他の資料とは異なる独特の内容になっている。共産主義運動や労働運動などの「思想犯罪」事件の捜査に当たった警察官らがウラ話、苦労話を「読み物」風に書いているものである。この資料は、一九四六年に池中世訳編『朝鮮思想犯検挙実話集』（ソウル、新光出版社）として朝鮮語訳が出ているが、**資料38**を全訳したものではない。[15] どのような基準で選んだのかわからないが、原書の六、七割程度しか収録していない。例えば、全羅北道関係の「実話」は原書では五編収録されているのに対し池中世の訳書では二篇、慶尚南道については原書六編、訳書三編となっている。また訳書では朝鮮人警察官の姓名が一部伏字になっているが（崔錫鉉を崔○鉉とするなど）、これは親日派として追及される証拠にならないようにしたからと思われる。しかし、この実話集に執筆した朝鮮人警察官の中には、解放後、反民族行為処罰法によって処罰された者、『親日人名事典』（民族問題研究所、二〇〇九年）に項目としてあげられている者がいる。そのような意味でも**資料38**はきわめて興味深い資料となっている。

以下、警務局に関連する資料について記しておく。

資料14「騒擾事件ノ概況」については、説明が必要である。これは朝鮮内外における三一独立運動の展開過程を詳細に記述したもので、すでに出ている復刻版と内容的には同じものである。その復刻版（朝鮮憲兵隊司令部編『朝鮮三・一独立騒擾事件—概況・思想及運動』巌南堂、一九六八年）の内表紙（復刻に際して新たに付けられたもの）には、もとの資料は「「朝鮮騒擾事件ノ概況」朝鮮憲兵隊司令部・朝鮮総督府警務総監部」であると書かれている。しかし、**資料14「騒擾事件ノ概況」**の表紙からは、朝鮮総督府警務局が編集・刊行したものであることが明らかである。警務総監部が廃止され、警察の元締めが警務局に変わった後に編集された資料であると思われる。巌南堂復刻版は、もとのページノンブルを削除して、通しのノンブルをつける一方で、原資料の末尾に付けられている「朝鮮騒擾事件総計一覧表」を収録していないなど、復刻版として不完全なものであるため、本資料集成にあらためて収録することとした。なお、巌南堂復刻版には、一九二四年に朝鮮総督府官房庶務部調査課が出した『朝鮮の独立思想及運動』も収録されているが、表題を「朝鮮騒擾事件ノ思想及運動」に変更しているため、もとの資料が何であるかが不分明な復刻版となっている。

資料15「不逞運動ノ真相」と**資料16「米国ニ於ケル朝鮮独立運動ニ関スル調査報告書」**は、警務局の資料の中でも早い時期に作成されたものである。**資料16**は、時永事務官（警務局の時永浦三）が米国で調査した結果を一九二〇年四月に報告したものをもとにしており、朝鮮独立運動と「民族自決主義」との関係、米国の新聞・雑誌での朝鮮関係の論調や朝鮮独立運動の支援活動などを記している。その点では、朝鮮情報委員会の「資料彙纂」に類似した内容になっている。なお、筆者の時永事務官は、東京帝国大学法学部を卒業後、一九一〇年から統監府・朝鮮総督府に勤務し、一九一八年に警視として警務総監部保安課長、翌年高等警察課長となり、一九二〇年時点では警務局事務官を務めていた。調査報告とは別に、『朝鮮及満洲』一九二一年六月号・八月号に「欧米を視察して」を書いている。一九二二年に大分県内務部長に転じ、その後宮崎県・佐賀県知事を歴任した(16)。

一方、**資料15「不逞運動ノ真相」**は、上海にあった大韓民国臨時政府の存在を強く意識しながら、在外朝鮮人による独立運動の状況とそれが朝鮮内に及ぼす影響について広く記述している。中でも興味深い記述は、「朝鮮独立ノ可能ヲ妄信シタル滑稽事実」と題して朝鮮民衆が抱く独立への期待を「荒唐無稽」「怪奇噴飯」「錯覚迷信」などと嘲った後に、「帝国ノ統治ニ悦福シツツアル事実」を列挙していることである。それらが事実をどれだけ反映しているかは別にして、朝鮮独立の問題をこのような見方でしか評価できなかった日本の支配当局の視野の狭さを表わしているといえよう。この資料の最後で、「其ノ他我ニ有利ナル宣伝事項」として産業や教育の実績をあげることを忘れていない点も、植民地支配を合理化する立場を示している。これらの「実績」を記した「朝鮮ニ於ケル新施政」を添付したと書かれているが、添付文書は見当たらない（朝鮮総督府発行のパンフレット「朝鮮に於ける新施政」（一九二〇年一〇月）のことと思われる）。

資料34「朝鮮事情」は、一九二六年に警務局の体制が改編される前（一九二五年八月）に高等警察課長を務めていた田中武雄が警察協会福岡支部で行なった講演の記録である。田中は、明治大学卒業、朝鮮総督府に務め、高等警察課長、一九二六年四月から一時図書課長となり、日本「内地」勤務を経て、一九四二年に総督府政務総監となった。田中個人の講演ではあるが、一九二五年時点での総督府の治安状況認識を表わす資料として収録することにした。

資料106「朝鮮に於ける防共運動」（警務局保安課）は、一九三〇年代末に保安課の指導下に組織された朝鮮防共協会の活動を記した資料である。防共団あるいは防共部は、戦時期に地方レベルで農民運動や労働運動の芽を摘み、民衆に体制に協力する活動を担わせるために組織されたものである。一九三六年一一月に締結された日独防共協定を受けて、一九三八年秋から朝鮮において共産主義、「反国家思想」を撲滅することを目的として防共団が結成され、雑誌の発行、後援会、座談会、展覧会などの開催を行なった。一九四〇年一二月に国民総力朝鮮連盟が発足すると、防共協会・防共団は同連盟に「発展的解消」を遂げることになった。

また、**資料107「朝鮮民心ノ好転状況　附美談美挙調」**は、国民総力連盟の名前で刊行されたものだが、一九四四年三月に警務局保安課が行なった調査の資料であるので、警務局による資料と見なして差し支えない。ただし、戦時末期に朝鮮の民心が「好転」していることを示すために「美談美挙」を書き連ねたもので、実態を反映しているものではない。その点では、**資料85、86**や**資料88～102『朝鮮検察要報』**に収められている情報と比較して、当時の朝鮮民衆の意識を探る必要がある。

なお、警務局は一九二〇年代初めから毎年、『朝鮮警察之概要』（一九二二年～二四年）『朝鮮警察の概要』（一九二五年～二九年）『朝鮮警察概要』（一九三〇年～四一年）を刊行していた。これは「秘密出版」ではなく、警察業務全般を説明する文献となっている。警務局の業務、体制やその変遷を知るのに役立つものである。

表4　道警察部作成の「治安状況」

道	表題	作成時期
京畿道警察部	治安概況―大正十三年	
京畿道	昭和三年五月　治安概況	
京畿道	昭和四年五月　治安概況	
京畿道	**昭和九年三月　治安情況**	
京畿道	昭和十年三月　治安情況	
京畿道	昭和十三年九月　治安情況	
全羅北道高等警察課	大正十五年三月　管内状況	
全羅北道高等警察課	大正十五年六月 高等警察ニ関スル管内状況	
慶尚北道	高等警察要史	一九三四年
平安南道高等警察課	最近ニ於ケル管内状況	一九二二年六月
江原道	大正十三年七月　管内状況	
江原道	昭和十三年度　治安状況	

本『資料集成』には収録していないが、警務局が作成した重要な資料として、『高等警察報』（六号まで）と『高等外事月報』（十四号まで）がある。いずれも高等警察関係の情報を盛り込んで定期的に編集・刊行された資料である。共産主義運動、民族主義運動、労農運動など各種の運動の動きを記録している。前者については、第一号から第六号まで韓国で各冊ごとの復刻版が出ており、後者は第十四号までの復刻版が不二出版から出ている（ただし、四号分の欠号がある）[17]。

ところで、前述のように、警務局は毎年、朝鮮全体に関わる「治安状況」を作成していたが、各道の警察部（当初は第三部）においても「管内状況」「治安情況」などのタイトルで定期的に資料を作成していたと見られる。一九三三年一二月九日に高等法院検事局が各地方法院検事局あてに「「治安状況」送付方ノ件」と題する通牒を送ったが、それによれば、各検事局管内の「警察部作成ニ係ル「治安状況」」は高等法院検事局でも必要な資料なので、警察部に交渉して毎年一部を高等法院検事局に送付するよう指示をしている。[18] この通牒が示すように、各道の警察部が毎年必ず「治安状況」を作成していたかどうかは確認できないが、現在見ることができるものを書き上げた表4からは、京畿道警察部は毎年作成していたと推定できる。本『資料集成』には、一九三四年三月に京畿道警察部が作成した『治安情況』を収録した。三〇〇ページ以上に及ぶ大部の報告書である。それ以外の道警察部が作成した資料は、現在のところあまり見ることができない。ただし、慶尚北道警察部の『高等警察要史』（一九二九年）[19]は、年報形式のものではないが、一九二〇年代までの治安状況を詳細に記述しており、道警察部作成資料としては図抜けたものである。

朝鮮総督府警務局図書課

一九二六年に設置された警務局図書課は、新聞・雑誌、図書、映画フィルムあるいは演劇台本、レコードなどの検閲を担当する部署だった。また、各道警察部が行なう検閲業務を統括する役割も果たしていた。これらの業務は、一九二六年四月までは高等警察課が行なっていた。そのため、一九二六年以前に警務局の名前で作成された資料の中には、後に図書課が作成する資料と類似する内容のものが見られる。また、一九二六年以降に図書課が作成した資料でも、作成者が警務局とだけ記されているものもある。

出版物や映画フィルムの検閲業務に関しては、資料62「朝鮮社会運動取締法要義」の第三編「新聞　雑誌　出版物」に説明されている。朝鮮における出版物の取り締まりに関して、「内地」と大きく異なる点は、朝鮮在住日本人（および外国人）による出版物と朝鮮人によるそれとで適用法規が違っていたことである。例えば、新聞の取り締まりに関しては、日本人と外国人は一九〇八年統監府令第一二号「新聞紙規則」が適用され、朝鮮人に対しては一九〇七年大韓帝国法律第五号「新聞紙法」が適用されていた。これらの法令は韓国併合後も効力を有するものとされたのである。

そのため、新聞発行の許認可や検閲方法などに関しても、日本人と朝鮮人とでは違いが生じることになる。日本人による新聞発行の場合は、発行地を管轄する道知事の認可を受けるとされたのに対し、朝鮮人による発行に関しては、道知事を経由して朝鮮総督の許可を受けねばならないとされていた。発売禁止（あるいは発行停止・発行禁止）を命じる官庁も、日本人発行新聞の場合は道知事であるのに対し、朝鮮人のそれは朝鮮総督であった。

新聞への掲載禁止事項に関しても、違いがあった。前者に対する禁止事項に加えて、後者の場合は「国憲ヲ紊乱スル事項」（特に朝鮮独立を主張する内容）や「社会ノ秩序又ハ風俗ヲ壊乱スル事項」（小作争議・労働争議・同盟休校の煽動、社会主義・民族主義の鼓吹、「内鮮民心ノ離反鼓吹」「併合ノ大本ニ反スル記事」など）を掲載することが禁止されていた。また、一定の外交軍事や「機密ヲ要スル事項」に関して、掲載を禁止することがあった。共産主義運動など社会運動に関わる捜査の経過や内容を報じること、総督府当局の政策に関する記事を掲載することなどが、「機密」保持という理由で報道禁止とされることもあった。

図書課に特徴的な点は、その人的構成において警務局の他の課に比べて朝鮮人職員の数が多いことである。警務課や保安課、衛生課では、一〇～二〇名の職員に一、二名の朝鮮人しかいなかったが、図書課は朝鮮語出版物を翻訳して検閲することを主要な業務としているために朝鮮人職員が一定数必要とされたからである。図書課が設置された一九二六年には一〇名の専任職員のうち朝鮮人は四名を占めていた。一九三〇年時点では、二一名のうち朝鮮人は七名となっていた。その後、図書課の定員が増加していく中で、日本人職員が増えたのに対し、朝鮮人の数はそれほど増えることがなかったが、それでも他の課に比べると朝鮮人職員が一定数いたのが図書課の特徴であった。[20] その多くは、属あるいは嘱託という身分で朝鮮語単行本の検閲業務（主に翻訳）を担当していた。これに対して、朝鮮語の雑誌・新聞の検閲は日本人職員が行なっていた。[21]

また、専任職員ではなく雇員などの形で臨時に図書課で働く朝鮮人もいたようである。例えば、京城帝国大学法文学部在学中にすでに小説を発表していた李孝石は、一九三〇年春に大学を卒業したが、就職口がなく、翌年下半期または一九三二年初めに警務局図書課に務めることになった。ただし、総督府の職員録に名前が見られないので、臨時職員の扱いだったと思われる。しかし、李孝石は出版物検閲の仕事に疑問を持ち、短期間で辞職したという。(22)

このように植民地期の朝鮮において治安に関わる機関の中で図書課は独特の位置を占めていたが、出版物の検閲が治安維持に重要な役割を果たしている以上、朝鮮人職員の数が多いことがその業務に影響を及ぼすものでなかったことはいうまでもない。

図書課は、先に見たような基準に沿って出版物、映画フィルムの検閲を行なうとともに、検閲結果（削除、発売禁止など）や問題ありと見なされた記事を集めて資料として作成した。**表5**は、現在知ることのできる図書課作成の資料を記したものである。

表5を見る限り、一九二八年までは「不許可出版物」や「削除記事」を集めた資料をほぼ毎月作成していた様子がわかるが、これは、同年九月から『朝鮮出版警察月報』という名称で毎月作成されることになった。これには、雑誌や単行本の検閲によって削除した記事、あるいは発行・発売を禁止した出版物の簡単な内容が収録されており、民族運動・社会運動のみならず文学活動などを研究する上でも重要な資料となるものである。『朝鮮出版警察月報』は一九三八年一二月の第一二三号まで発行が確認されており、その大部分を韓国の国史編纂委員会のWebサイト（京城地方法院検事局文書）で閲覧することができる。京城地方法院検事局文書の中には、**表5**に記したいくつかの資料も含まれている。

図書課は、**表5**の「大正十五年・昭和元年　朝鮮新聞紙要覧」「昭和二年度　新聞紙・出版物要項」（これらは警務局高等警察課が作成したものと思われる）を引き継ぐ形で、一九二八年から年報形式の「朝鮮に於ける出版物概要」「朝鮮出版警察概要」を刊行しており、現在一九四〇年度の分まで存在が確認されている。(23)

表5からもわかるように、図書課は日本「内地」や朝鮮外で発行される新聞・雑誌に掲載される「不穏記事」を警

表5　図書課作成資料

作成者	資料番号	表題	作成時期
		李王殿下ノ薨去ニ際シ「諺文新聞紙ヲ通シテ見タル」朝鮮人ノ思想傾向	一九二六
警務局		大正十五年・昭和元年　朝鮮新聞紙要覧	一九二六
		昭和二年度　新聞紙・出版物要項	一九二七
警務局		諺文新聞訳	一九二六
警務局図書課		昭和三年一月中　諺文新聞不穏記事概要	一九二八
警務局図書課		移入不穏印刷物記事概要	一九二六
警務局		(活動写真・フィルム)検閲概要　自大正十五年八月至昭和二年七月	一九二七
警務局図書課		自大正十五年九月至昭和二年九月　移入不穏印刷物記事概要	一九二七
警務局図書課		自大正十五年九月至昭和二年九月　輸入不穏印刷物記事概要	一九二七
警務局図書課		昭和二年自七月至十二月　被処分国文新聞紙記事要項	一九二七
警務局図書課		昭和二年八月中　不許可出版物並削除記事概要訳文	一九二七
警務局図書課		昭和二年九月中　不許可出版物並削除記事概要訳文	一九二七
警務局図書課		昭和二年十月中　不許可出版物並削除記事概要訳文	一九二七
警務局図書課		昭和二年十一月中　不許可出版物並削除記事概要訳文	一九二七
警務局図書課		昭和三年自一月至六月　移入輸入　不穏刊行物概況	一九二八
警務局図書課		昭和三年六月中　不許可出版物並削除記事概要訳文	一九二八
警務局図書課		昭和三年七月中　不許可出版物並削除記事概要訳文	一九二八
警務局図書課		昭和三年八月中　不許可出版物並削除記事概要訳文	一九二八
警務局		昭和三年自七月一日至八月末日　支那新聞差押記事概況	一九二八
警務局図書課		昭和二年十一月　不穏少年少女読物訳文	一九二七
警務局図書課		昭和三年十二月　北鮮地方ノ大水害ニ対スル諺文新聞ノ論調	一九二八
警務局図書課		毎日申報槿花問題	一九三〇

警務局図書課	第三輯	諺文少年少女読物の内容と分類	一九二八
警務局図書課	第八輯	赤裸の露西亜	一九二九
警務局図書課	第九輯	元山労働争議に関する新聞の論調	一九三〇
警務局図書課	第十二輯	昭和四年七月二日政変前後の諺文新聞記事	
警務局図書課	第一四輯	昭和四年八月二十九日併合二十周年記念ニ関スル不穏文書	一九二九
警務局図書課	第一五輯	咸鏡南道甲山郡火田民家放火事件ト諺文紙	一九三〇
警務局図書課	第一六輯	ソヴエートロシアの赤化策	一九三〇
警務局図書課	第二〇輯	諺文新聞の詩歌	一九三〇
警務局図書課	第二二輯	天道教概論	一九三〇
警務局図書課	第二五輯	出版物より観たる朝鮮人学生の思想的傾向	一九三一
警務局図書課	第二六輯	第六回ソヴエート大会概観	
警務局図書課	第二七輯	風刺漫画に現はれたるソヴエート思想	一九三一
警務局図書課	第二八輯	弱少民族運動の展望、露西亜十月革命と社会主義の爲めの闘争、テルミドールに向ふ途上にて	一九三二
警務局図書課	第二九輯	諺文新聞差押記事輯録　東亜日報	一九三二
警務局図書課	第三〇輯	諺文新聞差押記事輯録　朝鮮日報	一九三二
警務局図書課	第三一輯	諺文新聞差押記事輯録　時代日報、中外日報	一九三二
警務局図書課	第三二輯	満洲国問題ニ関スル外字新聞論調	一九三二
警務局図書課	第三三輯	民族主義者の主張と共産主義者の論駁	一九三三
警務局図書課	第三五輯	カール・マルクス死後五十年祭に際して	一九三三
警務局	第三七輯	不穏刊行物記事輯録	一九三四
警務局図書課		諺文新聞差押記事輯録　昭和一二年五月	一九三七
警務局		新聞記事差止関係事項調（9）昭和一三年九月三〇日現在	一九三八
警務局図書課		諺文新聞差押記事輯録　昭和一五年八月	一九四〇
警務局		（高等警察検閲資料）最近に於ける外国新聞雑誌に現はれたる対日論調	一九四一

戒すると同時に、朝鮮内で発行される朝鮮語新聞の記事に厳しい目を向けていた。掲載を禁止した記事だけでなく、植民地支配に不都合な記事なども日本語に翻訳して資料として編集している。何らかの問題（例えば、元山労働争議）に関連する記事を集めるとか、「少年少女読物」や「詩歌」を集めるなど、多様なテーマで資料を作成している。それらは、一九二八年頃から図書課作成の資料として番号をつけて印刷されることになった。第三七輯までの番号が現在確認されているが、所在不明の資料も多い。

これらの中で、朝鮮語新聞の差し押さえ記事を集めたものが目を引く。[24] 一九三二年に作成された三冊の「諺文新聞差押記事輯録」はすでに早く韓国で復刻版が出ていたが、本資料集成には**資料103、104**として一九三七年と一九四〇年に作成された**「諺文新聞差押記事輯録」**を輯録した。これによって、支配当局がどのような内容の記事や社説を削除させたかを把握することできる。

表5では、最も遅く一九四一年に作成された資料として、警務局「高等警察検閲資料」が記されているが、現在のところこの「最近に於ける外国新聞雑誌に現はれたる対日論調」一冊が出されたことがわかるだけであり、何らかのシリーズの形で作成されたのかどうかは明らかでない。

朝鮮憲兵隊司令部

朝鮮半島に日本の憲兵部隊が派遣されたのは、一八九六年に京城—釜山間軍用電信線守備のためだったとされるが、一九〇三年一二月に韓国駐箚憲兵隊となり、翌年に始まった日露戦争の時期に朝鮮半島の一部で「軍政」を布いたり、鉄道・電信線守備のために「軍律」を公布したりしたため憲兵隊の活動は大幅に拡大された。[25] その後、一九〇七年に韓国軍が解散され、抗日義兵闘争が高まると、韓国駐箚憲兵隊は韓国駐箚軍とともに義兵の弾圧にあたり、憲兵や朝鮮人憲兵補助員の数も急増し、韓国併合の一九一〇年には日本人憲兵、朝鮮人憲兵補助員の合計が七八三二名に達した。日本「内地」一一四四名、台湾二〇〇名、関東州一九三名に比べると、朝鮮における憲兵隊がいかに膨張していたかがわかる。

そして、前述のように、韓国併合後の朝鮮では憲兵警察の制度が敷かれることになり、治安維持の中枢を担うことになった。

一九一〇年代半ばに、朝鮮憲兵隊司令部・朝鮮総督府警務総監部編『警察統計』大正四年版、大正五年版、大正六年版（高麗書林復刻版、一九九七年）があり、また、朝鮮京城憲兵隊本部・朝鮮総督府京畿道警務部編『京畿道警務統計』大正六年版（一九一八年）のように道レベルでの統計類も出ていたと見られる。これらの統計類は毎年編纂されていたと思われるが、所在不明となっているのは残念である。

また、朝鮮駐劄憲兵隊司令部は一九一二年に『朝鮮社会考』と題する文献を活版で刊行している。これは、もともと「韓国社会略説」と題した資料に改訂を施し、「朝鮮古来の社会組織及風俗習慣等を纂輯せるもの」とされており、もとの資料は主に「当隊司令部附朝鮮将校の提供」にかかるもので、「京城を中心として記述」したとされている。政治制度、社会階級、族戚（親族制度、相続など）、信教、商業、風俗習慣、犯罪、迷信など、多岐にわたって朝鮮社会のありようを説明している。憲兵や警察官が朝鮮社会に触れるにあたって参考にすべき知識を盛り込んだものである（東京経済大学図書館桜井義之文庫　https://repository.tku.ac.jp/dspace/handle/11150/2400）。

治安に関わって憲兵隊が作成した資料として現在見ることができるのは、公州憲兵隊本部・忠清南道警務部編『酒幕談叢』第一巻（一九一二年）、第三巻（一九一四年）、第四巻（一九一五年）が唯一のものである。これは忠清南道を管轄する憲兵隊・警務部が憲兵補助員などに変装をさせて酒幕（宿屋を兼ねた居酒屋）に行かせ、客が話している内容を情報収集したものである。「庶民ノ意向及社会ノ趨勢ヲ知ルノ資料」としてコンニャク版で刊行された文献である。朝鮮人庶民の生の声を拾い集めた貴重かつ興味深い資料で、韓国国会図書館に所蔵されており、一部をデジタル画像で閲覧できるが、復刻版はまだ出ていない。[26]

朝鮮憲兵隊司令部がもっとも多くの文書、資料を作成したのは、三一独立運動に関してであった。これらの資料のうち、重要なものはすでに復刻版が出ているので、本『資料集成』には収録しなかった。

三一運動の後、朝鮮における警察制度が憲兵警察から普通警察に変わったことによって、朝鮮憲兵隊所属の憲兵や憲兵補助員のかなりの部分が警察官あるいは巡査補などに採用されたため、憲兵の数は大きく減少した。朝鮮憲兵隊は、軍事警察という本来の任務を中心とするものになったが、普通警察である警務局を頂点とする総督府警察との間には、微妙な関係が続いた。

一九二五年一月一三日、朝鮮総督府訓令第二号「朝鮮ニ於ケル憲兵ノ行政警察及司法警察ニ関スル服務規程」が定められた。[27]これは一九一〇年代の憲兵警察制度の時期に憲兵が一般人に対する警察業務（行政警察・司法警察）をも行なっていたあり方を是正するために定められた規程である。この規程では、「憲兵ハ其ノ職務ノ執行ニ関シテハ常ニ警察官吏ト密接ナル連絡ヲ保持シ特ニ匪徒ノ鎮定、捜索及逮捕竝軍人軍属ニ関スル司法警察ニ関シテハ警察官吏ト協力スヘシ」（第三条）、「憲兵ハ行政警察又ハ司法警察ニ関シ道知事、警察署長其ノ他正当権限アル者ヨリ要求アルトキハ直ニ之ニ応ジ必要ノ措置ヲ為スベシ」（第五条）、「憲兵行政警察事務ヲ行フニ当リ他ノ専務官吏其ノ場ニ臨ミタルトキハ之ニ其ノ措置ヲ譲ルベシ」（第七条）などと定められており、一般の警察業務に関して憲兵は警察の補助的な役割が認められたに過ぎない。

これについて、朝鮮憲兵隊司令部は「（部外秘）朝鮮ニ於ケル憲兵ノ行政警察及司法警察ニ関スル服務規程制定ノ経緯」（一九二五年一月一五日）[28]と題する文書を作成して、その経緯を説明するとともに、総督府警察に対する不満を表明している。憲兵隊と普通警察との間で問題となるのは、軍人軍属と一般民との間で生じた事件を憲兵、警察のどちらが扱うのか、また「匪徒」などに関する高等警察関係情報を相互に通報するかどうかなどであった。一九二五年の規程以前に憲兵隊司令部と朝鮮総督府警務局との間では、一九二〇年七月に「憲兵ト警察官ト警察務執行区分並相互援助ニ関スル協定」が結ばれていた。高等警察に関する情報に関して、憲兵隊の側は「憲兵ハ其ノ編制著シク縮小ノ為、高等警察上ノ情報蒐集、竝在郷軍人ノ情況調査等ニ関シ、警察官ノ援助ヲ受クルヲ要スルコト切ナルモノアリ」として、総督府警察からの提供を仰ぐしかないと考えて協定を結んだという。ところが、実際には「高等警察上ノ情報ハ希望ノ如ク通報セラレズ、〔中略〕憲兵ハ少数ノ人員ニテモ自ラ活動シテ情報ヲ蒐集スルノ外ナク」という状態になったとしている。

そのため、憲兵隊側は協定を廃止し、新たな服務規程の制定を総督府側に求めた結果、一九二五年一月に前記の「服務規程」が定められることとなった。この規程によって、憲兵が行政警察・司法警察で果たす役割は、普通警察の職務の補助という位置づけが固まったといえる。

憲兵隊司令部が総督府の警察側からの情報提供をどの程度受けていたかは明らかでないが、「服務規程」制定前後にも朝鮮内の各種社会運動に関する情報を収集していた。現物は確認できないが、朝鮮内の政治団体、思想団体、労働団体、宗教団体の「統計的調査」を年一回ないし二回作成（補修訂正）していたとされる。[29]

朝鮮憲兵隊司令部が作成した資料として、現在知ることのできるものを表6にまとめた。

一九二八年に朝鮮内の各種社会運動を調査した資料を作成しているが、これらの資料が同じ時期に作成されたことに何らかの意味があるのか、またこれらの資料に記されている情報は憲兵隊自身が収集したのか、あるいは朝鮮総督府警務局あたりから提供されたのか、などの点は明らかでないが、朝鮮内の社会運動の高まりに憲兵隊司令部としても危機感を抱いていたため、情報収集に努めたのであろう。

その後、満洲事変勃発後、朝鮮人に対しても軍への支援を求めるとともに、「内鮮融和」のために朝鮮人に対する日本人の差別的言動を諫める目的で、憲兵隊司令部は『朝鮮人の篤行美談集』第一輯（一九三三年一月）、第二輯（一九三三年一一月）、『朝鮮同胞に対する内地人反省資録』（一九三三年四月）を刊行している。これらは一九三一年八月

表6　朝鮮憲兵隊司令部作成資料

	表題	作成時期
朝鮮憲兵隊司令部	輓近ニ於ケル鮮内労働農民運動ノ情勢	一九二八・五
朝鮮憲兵隊司令部	朝鮮ニ於ケル女性団体槿友会ノ情勢	一九二八・三
朝鮮憲兵隊司令部	輓近ニ於ケル鮮内思想運動ノ情勢	一九二八・四
朝鮮憲兵隊司令部	朝鮮人の篤行美談集　第一輯	一九三三
朝鮮憲兵隊司令部	朝鮮人の篤行美談集　第二輯	一九三三
朝鮮憲兵隊司令部	朝鮮同胞に対する内地人反省資録	一九三四
朝鮮憲兵隊司令部	昭和十年朝鮮治安関係一覧表	一九三六?
朝鮮憲兵隊司令部	昭和十一年六月現在鴨緑江図們江対岸移住鮮人ノ状況	一九三六・六
朝鮮憲兵隊司令部	昭和十一年上半期鮮内外国人ノ軍情調査状況	一九三六・八
朝鮮憲兵隊司令部	朝鮮ニ於ケル思想運動概況	一九三六・八
朝鮮憲兵隊司令部	朝鮮ニ於ケル騒擾事件概況	一九三六・一二
朝鮮憲兵隊司令部	昭和十四年朝鮮治安関係一覧表	一九四〇?

から憲兵隊司令官を務める岩佐禄郎の意見にもとづいて作成されたものであったといわれる。『朝鮮人の篤行美談集』に掲げられた岩佐の「はしがき」では、「内鮮融和」を実現するために朝鮮人の「美点長所」を知らなければならないとしたうえで、「由来内地人中には徒に優越感を抱いて朝鮮の人を侮蔑し或は彼等の無智に乗じて利慾を貪らんとするものも絶無でない、之では到底内鮮融和を成就することが出来ぬのみか却って益々反感の溝を深くするばかりである」と述べている。

これら三冊の資料は憲兵隊内部だけで回覧・閲読する部内の秘密刊行物ではなかったが、『朝鮮人の篤行美談集』が「普く広く頒布」されたのに対し、『朝鮮同胞に対する内地人反省資録』は「その性質上極く一部の有識者に配布」されただけという。(30)後者のまえがきには、「本冊子は内地人の朝鮮の人に対する好ましからざる諸点のみを掲げ其反省を求むるのが目的」と記されている。朝鮮人に対して朝鮮在住日本人が振る舞っている差別的な言動が記録されている文献を広く配布すること、それによって朝鮮人にも読まれるようになるのを防ぐためだったといえる。ともあれ、憲兵隊司令部の名で編集・刊行されたこれらの文献は、満洲事変期に朝鮮人にも支配体制への協力を強く求めるためのものであった。

朝鮮憲兵隊司令部作成の資料として、本『資料集成』には、**資料67**「**朝鮮ニ於ケル思想運動概況　昭和十一年八月**」と**資料68**「**朝鮮ニ於ケル騒擾事件概況　昭和十一年十二月**」を収録した。いずれも、これまでまったく知られていない資料だが、一九三〇年代半ばの朝鮮憲兵隊司令部の調査活動の成果として編纂されたものである。前者は三一運動以降の朝鮮内外の社会主義運動や民族統一戦線運動を概説的に叙述したもので、憲兵らの教育用あるいは実務用の資料として作成されたものと思われる。後者は、「朝鮮ニ於ケル騒擾事件（軍隊、憲兵ノ出動シタル事件）」の概要を記したもので、抗日義兵闘争、三一運動が扱われているほか、一九二九年から三〇年にかけての光州学生運動、一九三一年の万宝山事件にともなう「鮮支人衝突事件」に関して詳しく記述されており、これらの事件についての貴重な資料となっている。光州学生運動に関しては、警察側の文書を収録した資料集[31]があるが、**資料67**では学生運動の原因（そこでは「社会的原因」が強調されている）や警察の対応の問題点（新聞の掲載を差し止めたことがかえって事件を「揣摩臆測」させたことなど）を指摘している点が目を引く。憲兵隊の見地から警察の対応を批判しているのである。

資料68の「鮮支人衝突事件」に関する記述も注目すべきものである。**資料68**の目次には、「鮮支人衝突事件（昭和七年）」と記されているが、これは昭和六年の誤りである。一九三一年七月二日発行（欄外の日付は七月三日）の『朝鮮日報』が中国長春郊外の万宝山で「二百名余り」の朝鮮人が中国の農民に襲撃され、水路工事を破壊されたと伝えたことから、三日以降、仁川、京城、平壌、鎮南浦など各地で中国人商店・家屋が朝鮮人群衆によって襲撃される事件が起こった。特に平壌では、**資料68**によれば中国人死者九〇名、負傷者九七名、家屋損害二九八戸に及ぶ大きな被害を出すことになった。**資料68**はこの事件の経過を詳細に記述し、朝鮮総督府警察や朝鮮憲兵隊、朝鮮軍司令部の対応処置に関しても相当に詳しく書いている。在留日本人や中国人、外国人の動静・見解を記し、憲兵隊の立場から見た「事件ヨリ得タル将来ノ参考事項」を二一点にわたってまとめている。その中で、「今回ノ事件ハ彼等（朝鮮人）ニ価値アル試練ト其程度ノ信念トヲ得セシメタルヲ認メラル、恐ラク将来機会アラバ鉾ヲ逆ニシテ内地人ニ向フコトナキヲ保シ□（難カ）シト予想セラル。民衆ノ保護、暴民ノ鎮圧ニ任ジ治安維持ノ責務ヲ有スル者ノ深ク思ヲ留ムベキ点ナリト信ズ」と強調している点が注目される（本『資料集成』第六巻一六九ページ）。

資料68の光州学生運動に関する叙述では、「今回ノ学生事件」などの表現が使われている。これは、学生運動が終息に向かった時期（記述内容からみて一九三〇年二月末頃）に作成された文書をそのまま**資料68**に利用したからであろう。義兵闘争や三一運動、「鮮支人衝突事件」に関する記述もおそらくそれぞれの時期に作成されていた資料を引用したものと思われる。

その後も、朝鮮憲兵隊司令部は調査活動を継続したと思われる。わずかだが、朝鮮憲兵隊司令部「昭和十四年朝鮮治安関係一覧表」（一九四〇年か）[32]などの資料が見られるからである。これは、「鮮内ニ於ケル社会運動趨勢概況」「憲兵隊編入要視察者」「（警察編入）要視察人」「労働農民団体」「思想事件ノ概況」「思想転向者」などを表または図としてまとめたもので、治安状況に関してそれほど詳しい資料ではない。

憲兵隊司令部による調査活動をうかがうことができる資料として、個人名義のものではあるが、**資料111「朝鮮独立思想運動の概観」**を収録した。筆者の憲兵少佐柳瀬隆は、朝鮮憲兵隊司令部に勤務していた人物である。雑誌『憲友』（一九三一年までは『軍事警察雑誌』として発行されていた憲兵向けの月刊雑誌）の一九四一年一一月号附録として発行されたものである。憲兵に一般的な知識を授けるため行なった講話の記録だったと思われる。その点では、**資料67**と同じような意味をもっている。

朝鮮軍司令部・朝鮮軍参謀部

朝鮮軍司令部または朝鮮軍参謀部によって作成された資料として本資料集成に収録したのは、資料66「満洲事変前後ニ於ケル朝鮮人思想変遷情況」と資料69「昭和十二年前半期朝鮮思想運動概観」の二点である。

朝鮮軍司令部は一九一八年に、それまでの朝鮮駐劄軍司令部の名称を朝鮮軍司令部に変更したものである。日露戦争期に朝鮮半島に派遣された日本軍を統括するために韓国駐劄軍司令部が設置され、韓国併合によって朝鮮駐劄軍司令部となっていたが、朝鮮駐劄軍は内地の師団が交代で朝鮮に派遣されるという体制だった。一九一五年に朝鮮に常駐する師団を二個編成することが決められた。第一九師団（司令部は羅南）と第二〇師団（司令部は龍山）は三一運動を挟んで一九二一年に編成を完了したが、龍山に置かれた朝鮮軍司令部は、これら二個師団を統率する役割を担った。

韓国駐劄軍の時期から司令部には参謀部が置かれていた。司令官が行なう作戦・動員計画の立案を補佐する部署である。司令部には参謀部のほか副官部、経理部、軍医部、獣医部、法官部が置かれていたが、参謀部と副官部は合わせて幕僚と呼ばれ、司令部の中で中枢の地位を占めた。様々な情報を収集するのも参謀部の役割だった。三一運動が起った一九一九年の時点で参謀部には参謀長一名、参謀三名が配置され[33]、副官部や司令部附の特務曹長などとともに朝鮮内外における独立運動の展開に関する情報を集め、関係機関に通報する業務を担当していた。アジア歴史資料センターで検索すると、文書番号に「朝特報第〇〇号」と記される多数の文書が出てくるが、これらは参謀部が各機関に送った文書であることを示している。『現代史資料（26）朝鮮（2）』（みすず書房、一九六七年）などの三一運動関係資料集にも、「朝特報」の文書は多数収録されている。

表7のように、朝鮮軍司令部は一九二四年に「不逞鮮人ニ関スル基礎的研究」と題する資料を作成して、主に在外

表7　朝鮮軍司令部・参謀部作成資料

朝鮮軍参謀部	朝鮮衡平運動ニ関スル考察	一九二四
朝鮮軍司令部	不逞鮮人ニ関スル基礎的研究	一九二四
朝鮮軍司令部思想研究委員	満洲事変前後ニ於ケル朝鮮人思想変遷状況	一九三四・四
朝鮮軍参謀部	昭和十一年前半期朝鮮思想運動概観	一九三六・八
朝鮮軍参謀部	昭和十一年前半期朝鮮思想運動概観附録	一九三六・八
朝鮮軍司令部	昭和十二年前半期朝鮮思想運動概観	一九三七・八
朝鮮軍参謀部	昭和十三年後半期朝鮮思想運動概観	一九三九・二
朝鮮軍参謀部	昭和十四年前半期朝鮮思想運動概観	一九三九・八
朝鮮軍参謀部	昭和十四年後半期朝鮮思想運動概観	一九四〇・二
朝鮮軍参謀部	昭和十五年前半期朝鮮思想運動概観	一九四〇・八

朝鮮人の独立運動を記すとともに、「鮮内民心ノ景況」にも触れている。(34) 同じ時期に朝鮮軍参謀部は「朝鮮衡平運動ニ関スル考察」(35)（一九二四年七月）を作成している。これは前年四月に朝鮮の被差別民「白丁」の解放を求めて衡平社が組織されたことに受けて、衡平運動が朝鮮の独立運動や労農運動、さらには日本の水平運動と結びつく可能性があるかどうかなどを検討した文書である。朝鮮軍司令部・参謀部が一九二〇年代半ばにも朝鮮における社会運動を注視する姿勢をとっていたことがわかる。

一九二六年五月に朝鮮軍参謀部は「大正十五年度諜報計画ノ概要」(36)を作成し、自らの任務の一つとして「参謀本部ノ要求竝朝鮮防衛ノ見地ニ基ク作戦資料ノ蒐集及思想諜報ニ努力スルト共ニ鮮内外ニ於ケル不逞団ノ統計的調査ヲ完備シ作戦、動員、宣伝謀略ニ関スル資料ヲ蒐集ス」として、朝鮮軍参謀部が独立運動などについても情報の収集をするとしていた。ただし、諜報計画の要領を記した部分では、朝鮮軍が主な対象とするのは朝鮮外の軍事情報や独立運動情報であり、「鮮内諜報ノ主体ハ朝鮮憲兵隊トシ師団以下各守備隊ノ情報及一般警務情報ヲ参酌シ鮮内綜合情報ノ完成ニ努ム」としており、朝鮮軍参謀部は朝鮮内の思想関係情報の収集に力点を置いておらず、それについては憲兵隊や警察当局に任せていたようである。

翌年に作成された朝鮮軍参謀部「昭和貳年度朝鮮軍諜報計画」(37)でも、前年と同じ計画を記した上で、「朝鮮憲兵隊司令官ニ対スル要求」を具体的にあげている。そのうち「第一要求（鮮内人的諜報事項）」では、「鮮内鮮人ヲ主体トスル思想、宗教、労農、政治等各種団体ノ統計的調査及其ノ消長ニ関スル将来ノ観察」などとしており、朝鮮内の各種運動情報に関しては憲兵隊に提供を求めるとしていたことがわかる。

朝鮮軍はその後、一九三〇年一月に「朝鮮軍司令部思想研究委員規定」を策定し、朝鮮内の各種思想運動に注意を払う姿勢を強めた。同規定では、「朝鮮軍司令部思想研究委員（略称軍思想委員）ハ主トシテ鮮内各種思想運動ニ関スル情報ノ蒐集、行動ノ監察、朝鮮ニ於ケル民族思想推移ノ研究考察並ニ是カ対策ノ研究立案ニ任ジ兼テ軍隊、在郷軍人、青年等ニ対スル思想的影響ニ関スル事項ヲ掌ル」とされている。思想研究委員会は軍参謀長を委員長として、幹事に情報主任参謀、委員に警備主任参謀、司令部附将校・通訳官、法務官、憲兵司令部将校などが加わって構成することとされている。(38)

朝鮮軍司令部思想研究委員による調査・研究の成果の一つとして、**資料66「満洲事変前後ニ於ケル朝鮮人思想変遷情況」**（一九三四年四月）を見ることができる。満洲事変をきっかけに民族主義系・共産主義系を問わず「思想転向」をした朝鮮人の言動を記録し、「事変ニヨリ鮮人ノ思想ノ良好ナル方向ニ転向シツツアル」と評価した上で、朝鮮人の思想をいっそう統制するには「内地人自ラ異民族ナル観念ヲ放棄シ、真ノ同胞ノ思ヲ以テ之ニ接触シ之ヲ遇シ凡ユル差別的待遇ヲ撤廃」する必要があるとしている。この資料には、朝鮮憲兵隊司令部が調査した「事変後朝鮮人思想転向状況調査表」が四〇ページ弱にわたって収められていることが示すように、前述の『朝鮮人の篤行美談集』『朝鮮同胞に対する内地人反省資録』を編集刊行した朝鮮憲兵隊司令部の見解が反映していたと考えることが出来る。

参謀部は一九三三年一月一日時点では、参謀長一名と参謀五名で構成され、その業務分担表によると、内田参謀が「諜報ニ関スル事項」「思想ニ関スル事項」などを担当し、豊島中佐（副官部所属）が「朝鮮人ニ関スル事項」を担当することになっている。[39] 日中戦争が始まると、朝鮮軍参謀部はさらに強化された。一九三七年一一月六日付の「朝鮮軍参謀部業務分担表」および一〇月二〇日付「朝鮮軍新聞班業務担任区分表」では、参謀長一名以外に参謀が六名、副官部の将校七名が参謀部の業務を分担することとされている。[40] 前者の分担表では、土屋参謀が「思想ニ関スル事項」「朝鮮人ニ関スル事項」を担当するとし、後者の分担表では鄭少佐[41]が「対朝鮮人宣伝事項」として「朝鮮人思想団体又ハ一般輿論ニ関スル調査」「諺文新聞、雑誌ノ指導」「映画、催物、放送ノ指導」に当たるとされている。

ところで、**資料69「昭和十二年前半期朝鮮思想運動概観」**と同じシリーズの資料「昭和〇年前半期（または後半期）朝鮮思想運動概観（または概況）」は、すでに『朝鮮思想運動概況』と題して復刻版（不二出版、十五年戦争極秘資料集第二十八集、一九九一年）が刊行されている。復刻版には、昭和十一年前半期、十一年前半期附録、十三年後半期、十四年前半期、十四年後半期、十五年前半期の「朝鮮思想運動概観（概況）」が収められているので、本『資料集成』には昭和十二年前半期の分だけを収録した。これらは、日中戦争期朝鮮の治安状況を記録した資料として重要なものである。ただし、復刻版に収録された「朝鮮思想運動概観」あるいは「朝鮮思想運動概況」が朝鮮軍参謀部の名前で作成されているのに対し、**資料69**は朝鮮軍司令部が作成したことになっている。昭和十一年前半期「朝鮮思想運動概観」、十一年前半期同附録と**資料69**とを比べてみると、全体の目次はまったく同一であり、昭和十三年後半期以降の資料も目次は同じであるので、これらは一連の資料と見なして差し支えない。なぜ昭和十二年前半期の分が朝鮮軍司令部名になっているのか、その理由は不明であるが、参謀部は司令部内の一部署であったので、作成者が参謀部であれ司令部であれ、実質的には同じであった。

朝鮮軍参謀部が陸軍省あてに「昭和一一年前半期　朝鮮思想運動概観」を送付した時、その送り状に「昭和八年一二月一五日附陸密第六四六号ニ係ル首題ノ件ニ関シ本年度前半期ノ情況別冊（朝鮮思想運動概観）ノ通提出ス」と書かれていた。この陸密第六四六号の陸軍者文書がどのような内容だったかは明らかでないが、宮田節子氏は、一九三三年末の時点で陸軍省が「朝鮮思想運動概観」のような資料の提出を朝鮮軍に求めたのは、満洲事変後の長期戦に備えて朝鮮人に対する徴兵制施行を検討し始めたからと説明している。(42) この時期に徴兵制施行まで検討していたかどうかは別にして、少なくとも朝鮮人を何らかの形で（例えば志願兵制度によって）戦争に動員するためには朝鮮の「思想運動」状況を把握しなければならないと陸軍省が考えたために、朝鮮軍に対してこのような資料の作成・提出を求めたのであろう。

資料66「満洲事変前後ニ於ケル朝鮮人思想変遷情況」（一九三四年四月）は、まさにこの陸軍省の要請に応じて作成されたものと思われる。そして、その後は、半年報の形で「思想運動概観（概況）」を報告することになったのではないだろうか。

ともあれ、「思想ニ関スル事項」などの業務を担当していた朝鮮軍参謀部が作成したのが「朝鮮思想運動概観」あるいは「朝鮮思想運動概況」と題された一連の資料であり、一九三〇年代後半の治安状況がまとめられた重要な資料である。**資料66**、69の収録によって、一九三〇年代半ば以降の治安状況を知り得る資料がかなり揃うことになったといってよい。

高等法院検事局思想部

本資料集成において特に重視しているのは、検事局思想部が作成した資料である。その重要性にもかかわらず、どのような資料が作成されたか、これまであまり知られていないからである。

植民地期朝鮮における検察は、日本「内地」と同じように裁判所（法院）に付置される検事局として設けられていた。高等法院検事局、覆審法院検事局、地方法院（および支庁）検事局という形である。検事局が治安に関わる事件で重要な役割を果たすようになるのは、一九二五年に治安維持法が朝鮮にも施行されてからのことといってよい。それ以前にも、独立運動などの事件で検察はそれなりの役割をになっていたが、一九二〇年代前半まで検察が治安問題について何らかの資料を作成するということはなかった。ところが、治安維持法が制定されると、その違反事件の捜査・起訴に関しては警察ではなく検察が指揮権を持つことになっていたため、検察としても治安状況、特に思想的事件の背景などに関して一定の知識・情報を持つことが必要となった。[43]

（1）思想検事の配置

朝鮮の検事局に思想検事が正式に配置されたのは、一九二八年のことであるが、思想事件専任の検事を置くことは少なくとも前年から計画されていた。一九二七年四月、「重要な都市の検事局に〔思想運動取締の〕専任司法官を置くことになった」と新聞に報じられている（『中外日報』一九二七年四月六日）。一ヵ月後の記事では、思想運動取り締まりの専任検事が八月にも置かれる予定であることを報じた上で、京城地方法院の長尾検事正の談話として、「その検事は大概覆審法院検事局にあって地方法院検事局と連絡して両検事局の兼務をすることになるでしょう」と伝えている（『毎日申報』一九二七年五月五日）。さらに、八月二六日の『中外日報』の記事は、思想専門の検事の配置は秋になるとする一方で、それに先立って京城地方法院検事局で朝鮮語に通じた植山書記[44]を思想係の専任書記にするために京畿道警察部高等科（高等警察課の間違いであろう）に臨時で勤務させていると報じている。

実際に思想係専任検事が配置されたのは、一九二七年一二月のことである。同月二七日付で京城覆審法院判事の伊藤憲郎が判事から検事に転官されるとともに、平壌覆審法院検事兼高等法院検事に任命された。[45]新聞記事では、伊藤は高等法院の「思想係専任検事」に任命されたとされている（『朝鮮新聞』一九二八年一月七日、『中外日報』一九二八年一月一三日)。この時は検事局の定員が改定されたわけではなく、判事を検事に転官したうえ総督府裁判所職員の定員内で高等法院検事と覆審法院検事を兼任する形をとったものと思われる。

思想検事任命を伝える記事で、伊藤は次のように語っている(『朝鮮新聞』一九二八年一月七日)。

朝鮮半島における思想を背景として時代的に現れる諸犯罪の因果関係を詳細に研究調査し幾分なりとも今後法廷に現れる思想犯罪の審理に就いて参考資料としやうというのです〔中略〕今後私の研究するところのものは赤裸々に白洲に曝け出された事実を資料として総括的なものを編出さうといふのですから相当おもしろいものが出来るであらうと信じています。

伊藤は、高等法院検事局の思想専門検事の役割を思想関係の「総括的」な資料を作成することに見い出していたといえる。実際にこの後、高等法院検事局思想部はそのような資料作成に力を入れることになる。

一九二九年一月には、高等法院検事局の内部規程の改正によって、検事分室(思想係)が設置され、伊藤憲郎が引き続き思想検事を務めることとなったという(『東亜法政新聞』第一七九号、一九二九年二月)。これが一般に高等法院検事局思想部と呼ばれる組織であった。

高等法院検事局だけでなく、地方法院検事局にも「思想係専門検事」が配置された。同年六月に、京城地方法院検事局にも「思想係専門検事」が任命された(仁川支庁検事の森浦藤郎)という新聞記事が出ている。(46) この場合も、高等法院と同じように部内措置によるものであったのか、八月に実施される思想検事新設のための定員増加を先取りしたものであったのか、は明らかでない。

一九二八年八月、日本「内地」での思想検事配置決定と時を同じくして、朝鮮でも思想事件処理のために検事五名、書記五名の増員が認められ、京城・平壌・大邱・光州・釜山の各地方法院検事局に配置された(昭和三年八月勅令第二一六号「朝鮮総督府裁判所職員定員令中改正の件」）。総督府は増員の理由として、「近来朝鮮ニ於ケル思想界ノ混乱著シク詭激ナル社会思想ニ関スル刑事事犯頻発シ益々増加ノ趨勢ニアリ統治上洵ニ憂慮ニ堪ヘザル」現状をあげた上で、五つの地方法院検事局の検事・書記を増員し、「専ラ思想ニ関スル事犯ノ検察事務ヲ掌ラシメ敏速且正鵠ナル処理」をさせるものと説明している。(47)

さらに、総督府の説明資料は、朝鮮において思想的な団体活動が盛んになってきているとした上で、次のように述べている。

朝鮮ニ於ケル思想的犯罪ノ傾向前述ノ如シ、然ラバ如何ニシテ之カ司法的対策ヲ構スベキ乎、凡ソ此ノ種ノ犯罪ニ対シ適切ナル司法処分ヲ行ハント欲セバ先ヅ須ク平素ヨリ当務者ニ於テ社会ノ実相ヲ詳カニスルト共ニ之等事犯ノ根底タル思想ヲ系統的ニ究明シ常ニ其ノ現状並ニ推移ヲ洞察スルノ用意ナカラザルベカラズ

そしてそのためには、常に資料・情報を収集し、「主義者名簿」を作成する必要があり、それに当たる判事・検事・書記が各地方法院に配置されねばならない、としつつ、「財政ノ都合上」一時に多数の裁判所職員を増員することは困難なので、「応急ノ策」として検事五名、書記五名の増員を図るものとしている。また、思想犯の受理件数からすると、釜山より新義州の地方法院に思想検事が必要であるが、「内地」との往来が多く、「内地官憲」との連絡を図る必要のある釜山地方法院に配置するものと説明している。

以上のように、朝鮮における思想担当の検事は一九二八年に配置され、治安関係事件の処理や情報収集・資料の作成に当たることになった。その活動ぶりは現在見ることのできる資料類からも測り知ることができるが、ここではその後の思想検事の増員を追っておこう。

続いて一九三三年に思想検事の増員がなされたが、これは間島（現在の中国吉林省延辺朝鮮族自治州）における朝鮮

人共産主義運動への弾圧事件が急増したため、それを専門に扱う検事を京城地方法院検事局に配置するためであった。一九三三年年六月七日勅令第一四八号「朝鮮総督府裁判所職員定員令中改正」によって、京城地方法院に判事一名、書記・通訳生各一名、および同法院検事局に検事一名、書記・通訳生各一名の増員が行なわれた。これは、「在間島帝国領事官ノ管轄ニ属スル刑事事件処理」を目的とするものであった。一九三〇年以降、間島総領事館（領事館警察）から朝鮮に移送される治安維持法違反事件が「異常ノ激増」を示しているばかりでなく、「犯罪関係地トノ距離遠隔ナルノミナラズ其ノ法域ヲ異ニセル為」、また「時ニ国際問題ニモ関連シテ捜査及審理ニ著シク困難ヲ極メ」ている状況を解消するために、「特ニ京城地方法院ニ在間島帝国領事官ヨリ送致ヲ受クベキ刑事事件処理ノ為ニスル検事及予審判事各一名ヲ配置」するとしている。(48)

つまり、治安維持法違反容疑で検挙・送致された在満朝鮮人の事件処理を専門的に行なうために検事と予審判事の増員が必要であるとするものであった。日本「内地」とは事情の異なる朝鮮での思想事件に対処することがその目的であったのである。

なお、一九三二年一一月には、「思想事件処理」のため検事一名、書記及通訳生各一名が増員され、咸興地方法院検事局に配置され、(49)一九三五年八月にも「思想事件処理」のため検事一名、書記及通訳生二名が増員され、新義州地方法院検事局に配置されている。(50)

さらに、一九三五年初め、朝鮮総督府法務局は昭和一〇年度追加予算要求として、大邱・平壌・清津の三地方法院に思想部を新設するため判検事一〇名、および書記・雇員増員の案を作成していると報じられた（『法政新聞』第三〇八号、一九三五年二月一二日）。しかし、同時に思想犯保護観察制度の実施（予定）にともなう法務局保護課新設、看守増員の要求もしていたが、保護観察制度を盛り込んだ治安維持法改正案が議会を通らなかったため、この追加予算は認められず、京城以外の地方法院検事局に思想部を設置する計画は実現しなかったと思われる。

結局、各地の地方法院検事局では、定員の多いところでは思想事件専門の検事が置かれたが、京城地方法院検事局以外では「思想部」を設けることはなかった。

(2) 思想検事の職務

① 高等法院検事局思想部

思想検事の職務に関しては、**資料45「朝鮮思想検察提要―第一冊―」**からうかがうことができる。高等法院検事局思想部が編集したもので、作成時期が明記されていないが、一九二九年前半から翌年初めまでの間に印刷されたものと考えられる。このパンフレットには、思想検事の職務を定めた規程などが収録されている。

「社会思想研究調査に関する綱要」は「高等法院思想係検事の執務方針を定めたもの」とされ、「方針」「研究調査の範囲」「研究調査の資料」「研究調査の結果」の四項に分けて記されている。

「方針」では、思想的犯罪が質量ともに険悪になりつつある傾向にかんがみて、「犯罪の根柢たる諸思想を徹底的に研究調査す」るために、朝鮮内はもちろん日本「内地」、中国、満洲、ロシアにおける思想状態、各種階級闘争の実態、各種結社・集会、言論などの調査を行ない、「統計的、罪別的、個別的観察」のための研究調査資料を蒐集し、調査報告書を作成して関係方面に配布するとしている。

「研究調査の範囲」では「社会思想の一般的研究調査」(団体的研究、歴史的研究など)、「社会思想の司法的研究」(総汎的研究、個別的研究)をあげ、「研究調査の資料」では、文献の備え付け、報告書の蒐集、参考物件(証拠物件・判決謄本など)、視察、裁判膨張などの方法によるものとしている。そして、「研究調査の結果」では、「新聞切抜帖作成」「各種思想系統図作成」「主義者及主義者団体名簿作成」「報告書の作成」があげられている(高等法院検事局思想部「朝鮮思想検察提要―第一冊―」四―九ページ、本『資料集成』第三巻二七七―二七九ページ)。

また、これらの事務を補佐する書記の職務を規定する「高等法院検事局思想係書記事務章程」も定められ、各種の文書・図書・雑誌の整理、帳簿・名簿の整理などが具体的に列挙されている（同上、二一〇―二一三ページ、本『資料集成』第三巻二八一―二八二ページ）。

以上のような執務内容から考えると、高等法院検事局思想部は事件の捜査・取り調べに直接当たるより、社会思想・社会運動の動向を調査研究することが主な任務とされていたといえる。そのため、表8に見るような文献が高等法院検事局思想部によって作成されることになった。

高等法院思想部は、一九三一年四月から一九三四年一一月まで『思想月報』、同年一二月からは『思想彙報』（ほぼ季刊）を発刊して、相次いで起こる「思想事件」に関する判決文などの各種資料を掲載することとなった。

高等法院検事局思想部は、このように調査研究を主たる業務としながら、思想事件処理方法に関して地方法院の検事などから寄せられる質問・疑問に答えるという役割も果していた。「朝鮮思想検察提要―第一冊―」に収録されている「地方法院思想事件検察事務章程」では、「第十條　思想係検事は思想事件処理中根本概念又は思想系統に付き調査不能の点を生じたるときは直接高等法院検事局思想係検事に打ち合わすべし」（本『資料集成』第三巻二八〇ページ）と規定されており、思想事件の処理方法を決める最終権限が高等法院検事局思想部にあったと解することができる。

さらに、一九三九年頃の高等法院検事局思想部の分担する事務を記した文書が残されている。[51]この文書では、次のように定められている。

一、司法省、警視庁〔（〕警保局、本府警務局、満洲国等ヨリ思想ニ関スル情報ヲ得、内地裁判所、検事局、関東庁、台湾検事局ヨリ思想ニ関スル起訴状、判決、決定等ノ送付ヲ得又ハ各新聞、雑誌刊行物等ニ顕レタル

表8　高等法院検事局作成資料

黒旗聯盟事件の研究	一九二八年四月
マルクスの唯物史観	一九二八年八月
朝鮮治安維持法違反調査（一）	一九二八年一〇月
朝鮮共産党則	一九二八年一〇月
朝鮮社会運動―その他二篇	一九二八年一〇月
治安維持法提案討議―議会に於ける質疑応答議事	一九二八年一一月
露国共産党則	一九二八年一一月
英国無産青年会則	一九二八年一一月
「ヤチェーカ」の組織原則	一九二八年一一月
高麗革命党事件の研究―天道教、衡平社、正義府各員の提携―	一九二九年三月
高麗革命党宣言	一九二九年三月
朝鮮思想検察提要―第一冊―	一九二九年三月
第三インターナショナル国際的準備会合演説集	一九二九年四月
全鮮盟休事件とその刑事判決―昭和二、三年中のもの	一九二九年五月
満洲に於ける三府の運動	一九二九年七月
図書目録	一九二九年七月
朝鮮治安維持法違反事件判決（一）	一九二九年一〇月
朝鮮に於ける不敬事件	一九三〇年四月
朝鮮共産党則（二）	一九三〇年四月

不二西鮮農場小作争議調査報告	一九三〇年六月
最近の思想事件―第一輯―	一九三〇年七月
最近の思想事件―第二輯―	一九三〇年七月
京城市内女学生萬歳騒擾事件	一九三〇年七月
朝鮮独立運動と国体の変革	一九三〇年八月
日本共産党事件研究資料	一九三〇年八月
最近の思想事件―第三輯―	一九三〇年九月
労農露西亜の実情	一九三〇年九月
最近の思想事件―第四輯―	一九三一年二月
孫秉熙等公判始末書	一九三一年六月
朝鮮共産主義運動の文献	一九三一年一一月
朝鮮思想運動調査資料―第一輯―	一九三二年一一月
朝鮮思想運動調査資料―第二輯―	一九三三年三月
思想問題講演集	一九三三年
共産主義運動に関する文献集	一九三四年
朝鮮重大思想事件調査資料	一九三六年
大東亜戦争勃発後ニ於ケル特殊犯罪調―保安法違反事件及内地等ニ於ケル各種言論事犯―	一九四三年八月
大東亜戦争勃発後ニ於ケル特殊犯罪調―造言飛語及不敬事件―	一九四三年五月

（注）『朝鮮刑事政策資料』『次席検事注意事項集』は除く

思想ノ動向、推移等ヲ調査究明シ、或ハ全鮮検事局ヨリ思想事件表ヲ徴シ思想彙報ヲ発刊シ全鮮検事局ノ思想事件処理ノ指針参考トスル外思想犯ノ善導、思想事犯ノ防遏ノ為メノ用ニ供ス

一、思想事件ガ全鮮検事局ニ於テ適正ニ処理セラレ居ルヤ否ヤ常ニ注意調査シ居ル

一、検事ハ思想上告事件ノ立会ヲ為シ適正ナル公訴ノ維持ニ努メル

一、思想問題ニ付調査ヲ為シ之ニ関スル照会等ノ回答

一、高等警察官ノ指導教養材料ノ供与

一、全鮮治安状況ノ検閲竝ニ指揮

一、捜査上必要ナル思想関係事項ノ配布供与

一、刑事政策資料ノ刊行供与

一、治安維持法違反事件起訴中止者名簿整理ノ上全鮮思想事件処理ノ適正ヲ図ル

一、出版物行政禁止処分ノ査閲竝出版警察月報等ノ査閲整理

一、思想関係検察事務報告書ノ整理

一、思想事件関係人個人別整理カード作成

一、思想関係其ノ他ノ新聞切抜、保存、整理

一、全鮮検事局ニ於テ処分シタル思想事件押収物ノ取寄整理

一、思想事件表ノ整理

一、各種新聞雑誌ノ整理

一、其ノ他地方法院思想事件検察事務章程中高等法院検事局ニ所属スル分　等

この文書によるなら、高等法院検事局思想部は、当初重視された調査研究とその成果の刊行のみならず、地方法院

検事局を監督し、高等警察、出版警察をも「査閲」する権限が与えられていた。つまり、一九三〇年代末には朝鮮全体の「治安状況ノ検閲竝ニ指揮」を担う機関として位置づけられるに至ったのである。

とりわけ、この職務一覧で注目されるのが「刑事政策資料ノ刊行供与」である。本『資料集成』に収録した『朝鮮刑事政策資料』のシリーズを指しているものであろう。この資料については後述する。

② 地方法院検事局思想係検事の職務

京城地方法院検事局を除いて地方法院検事局に思想部が置かれることはなかったが、専任の思想係検事の配置はなされた。また、専任がいない場合（特に地方法院支庁）には、主に次席検事が思想事件の処理に当たるとされていた。これら思想係検事の職務に関しては、**資料45「朝鮮思想検察提要―第一冊―」**に「地方法院思想事件検察事務章程」が収録されている。これは、一九二九年二月一日付けで高等法院検事長から各地方法院検事正に送られた通牒で定められたものである。(52)

章程では、思想係検事は治安維持法、大正八年制令第七号、保安法、皇室に関する罪、内乱に関する罪、騒擾罪、新聞紙法、出版法、暴力行為等処罰に関する件、爆発物取締罰則の違反事件、および「其他思想運動に関連する犯罪」事件を思想係検事が担当するものとされている（一五ページ）。朝鮮では、これらの事件が「思想事件」と呼ばれるものであった。後には、国防保安法第一六条に規定される罪（国家機密の探知・漏洩など）、刑法第一〇五条の二ないし四の罪（安寧秩序に関する罪）がこれに付け加えられた。(53)

事件の担当以外に思想係検事がなすべき職務としては、思想問題に関する基本的研究、管内思想団体の系統調査、刑務所に収監されている思想囚の行刑状況・思想推移の考察、管内要視察人・団体などの名簿作成と補正、思想に関連ある書籍・雑誌・新聞その他の情報の収集・整理、思想団体系統図・担当事件統計表の作成などがあげられている。[54]

高等法院検事局とは異なって、地方法院検事局の思想係検事は実際の事件処理と管轄地域の思想状況の調査が主な職務であった。ただし、京城地方法院検事局の思想部は『朝鮮共産党事件』（一九三〇年八月）などのパンフレットを印刷・刊行したこともあり、調査研究も職務の一部とみなされていたようである。

多くの地方法院検事局やその支庁では、次席検事が思想事件を扱うこととされていた。次席検事が思想事件を担当することを定めた規定・通牒は見当たらないが、「新義州地方法院検事局事務分担表（昭和十七年一月十九日現在）[55]」では、同検事局の次席検事佐藤谿が、「経済事件ノ五分ノ二（経済事件主任者）思想時局関係事件及其他重要事件トシテ特ニ検事正ヨリ指定セラレタル事件」の担当とされており、新義州の検事局では「思想時局関係事件」は次席検事が担当するものとされていたことを知ることができる。また、朝鮮での思想検事経験者からの聞き取りによっても、[56]このことは確認できる。

さらに、後述するように、七ヵ所の思想犯保護観察所のうち専任所長が配置されていない新義州・清津・咸興・光州の四ヵ所では、地方法院検事局の次席検事が所長を兼任することとされていた。次席検事は、思想犯に関わる検察事務、保護観察所事務を担当する役割を与えられていたのである。

このように見ると、**資料79～82『次席検事注意事項集』**が持つ意味を理解することができる。これについては後述する。

なお、思想事件を担当する検事は、すべて日本人であった。そもそも朝鮮人検事は数が少なかった上に、地方法院検事局でも検事正や次席検事にはなれなかったといわれる。[57]そのような不文律があったのかどうか、確かめることができないが、実質的に思想事件を担当したのが日本人検事だったのは間違いないことであろう。

覆審法院検事局にも思想係検事が配置されていたが、その職務を定めた文書は現在のところ見つかっていない。

（3）検事局思想部の作成資料

以上のように、高等法院検事局思想部を頂点として検察系統において「思想事件」を扱う機構が整備されたが、それらにおいて作成される各種の資料は、警察系統の資料とともに植民地期朝鮮の治安状況を明らかにする上でもっとも重要な資料となっている。しかし、これまでの研究においては、『思想月報』『思想彙報』という定期刊行物が主な資料として利用されてきたにとどまり、検察作成の多くの資料は存在すら知られていなかったといわねばならない。以下、検察作成資料のもつ意味について簡単に解説しておく。

高等法院検事局が作成した資料として現在確認できるものを、**表8**に整理した。一九二八年から一九三三年まで継続的にパンフレット形式の資料を作成・印刷していることがわかる。一九三三年以降は『思想月報』『思想彙報』が刊行されるようになったため、このようなパンフレットの作成はあまり見られなくなる。

本『資料集成』には、高等法院検事局が一九三三年までに作成した資料二〇件を収録した。**資料40〜59**である。いずれも一九二〇年代後半から三〇年代初めまでの朝鮮の民族運動、社会運動を知る上で重要な資料である。これらの資料には、当局が作成した文書（調査報告や判決文など）だけでなく、運動側が作成した文書（党規則・綱領、宣伝ビラなど）も収録されている。**資料41「朝鮮社会運動」**には朝鮮共産党事件被告の金若水の陳述書が収められ、**資料57「朝鮮思想運動調査資料―第一輯―」**には「朝鮮共産党事件重要書類証拠物」や「重大宣伝文集」が収録されている。後者の資料では、一部が赤色で印刷されるなど、当局側も重要視していたことが見て取れる。

これら中には最初の思想検事伊藤憲郎の個人名になる**資料50「不二西鮮農場小作争議調査報告」**、伊藤の講演録を集めた**資料59「思想問題講演集」**が高等法院検事局思想部の名で刊行された資料が含まれているのを見ると、一九二八年から一九三三年頃までの時期に高等法院検事局思想部において伊藤がいかに大きな役割を果たしていたかがわかる。後者の資料の「はしがき」で伊藤は、「昭和三年高等法院検事局思想部開設以来昭和八年迄の間、私が司法部内又は部外の依頼に応じて為した講演」を集めたものと記している。[58]

表8からは除外したが、『思想月報』『思想彙報』と並んで、高等法院検事局が作成した重要な資料は、『**朝鮮刑事政策資料**』のシリーズである。昭和五年度版から毎年作成・刊行されたと見られるが、本『資料集成』には、昭和五年度版から一八年度版までのうち九年分を**資料70～78**として収録した。この資料は、裁判所・検事局監督官会議や警察部長会議、憲兵隊長会議などでの法務局長や高等法院検事長の訓示、各道の警察署長会議での検事正訓示などを収録している。つまり、朝鮮における高位司法関係者の認識と法運用の指針を示した資料と位置づけられる。訓示などには一般刑法犯罪の様相や刑事事件、民事に関するものも多く、一九四〇年前後からは経済事犯に関して述べるものも増えるが、その中で注目されるのは、各検事局の管内治安状況に関して述べている部分である。覆審法院検事長による「管内状況」の報告も収録されている。残念ながら、すべての年度の『**朝鮮刑事政策資料**』が揃っているわけではないが、一九三〇、四〇年代の各地方における治安状況を伝える貴重な資料として利用できるものである。

警察署長会議でなされた訓示などは部内秘とされていただけに、当局者の本音が表われてもいる。例えば、一九三五年六月の咸鏡南道警察署長会議での訓示で咸興地方法院検事正齊藤栄治は、思想犯罪の捜査では物的証拠が少ないため勢い「自白を強要せんとする傾向がある」が、「従来此場合に於ても拷問の結果犯人を死傷に致しました時は断然起訴致して居る」ので、「現行法が如何に拷問を嫌」っているかを考えれば、「今迄十の暴行陵虐の行為は五に減じ五の暴虐行為は消滅するにあらずやと思料するのであります」と述べている。[59] 齊藤がこのように訓示したからといって、その後拷問が控えられたわけでない。むしろ、咸鏡南道・北道での農民運動が非合法活動として展開されていくと、警察による捜査は強引なものになっていったのである。

また、**資料75**『**朝鮮刑事政策資料―昭和十五年度版**』では、一九四〇年前半に開かれた各地の警察署長会議で検事正が創氏制度の意義を強調する訓示を行なっている。そもそも創氏が何を意味するものかを警察署長など当局者もあまり理解できていなかったことが読み取れる。

各年度の『朝鮮刑事政策資料』を見ていて、注目されるのは、昭和一六年度版から憲兵隊長会議における高等法院検事長訓示が収録されていることである。**資料76『朝鮮刑事政策資料　昭和十六年度版』**には、一九四一年六月の憲兵隊長会議で検事長増永正一が行なった訓示が掲載されているが、[60] それを読むと、この時の会議で初めて検事長が訓示をしたものと思われる。それまでも憲兵隊と警察や検事局は一定の協力関係にあったが、戦争の長期化の中で治安を維持し朝鮮人をも戦争に動員するには、それら機関の連絡・協力がいっそう重要になったため、憲兵隊長会議で高等法院検事長が治安問題に触れる訓示をすることになったのであろう。

資料79〜82『次席検事注意事項集』は、『朝鮮刑事政策資料』を補う資料となっている。同じ年度の両者を比較・対照すると、同一の警察署長会議で地方法院検事正が行なった訓示は『朝鮮刑事政策資料』に掲載され、次席検事が行なった注意事項は『次席検事注意事項集』に掲載されていることがわかる。次席検事と思想事件との関係は前述したとおりだが、次席検事の注意事項には、治安維持法違反事件など「思想事件」の処理に関わる解釈、思想犯予防拘禁制度の運用と実態などにも触れた内容が多く見られるので、検事正の訓示と合わせて検討する必要がある。

治安関係事件の取り扱い、処理がどのように行なわれたかを示す資料として、**資料83『総督訓示及法務局長注意事項集』**、**資料84『高等法院検事長訓示通牒類纂』**、**資料87「検察事務報告等」**を収録した。**資料83**は、韓国併合直前に統監伊藤博文が韓国の裁判官などに就任した日本人司法官に対して行なった演説を最初に収録しているが、それ以降は併合後に開かれた司法官（裁判官、検事など）会議で総督が行なった訓示と司法部長官・法務局長の注意事項を収録している。訓示からはその時々の総督府の法制度全般や治安状況に対する認識を読み取ることができ、注意事項には司法事務に関する具体的な指示などが示されている。**資料84**には、朝鮮における検察の最高責任者である高等法院検事長の訓示や通牒類が収録されている。その一部は『朝鮮刑事政策資料』と重複するものであるが、その時どきの

「思想事件」などをどのように扱うかを指示したものも数多く収録している。とりわけ、「思想事件処理に関する部」に収録されている通牒類には、何をもって「思想事件」とみなすのかを示した「地方法院思想事件検察事務章程」（一九二九年二月一日）など、きわめて重要なものが見られる。**資料87**は、一九四四年三月に作成された資料であり、アジア太平洋戦争開始後に出された通牒を収めている。それらからは、治安維持法違反事件とともに「謀略事件」「不穏言論事犯」に関する情報が重視されていたことを読み取ることができる。この点は、**資料85**、**86**に収録された諸事件の取り扱いに関わるものである。

高等法院検事局が一九四三年に作成した**資料85「大東亜戦争勃発後ニ於ケル特殊犯罪調—造言飛語及不敬事件—」**と**資料86「大東亜戦争勃発後ニ於ケル特殊犯罪調—保安法違反事件及内地等ニ於ケル各種言論事犯」**は、いわゆる「造言飛語（流言蜚語）」や「政治ニ関シ不穏ノ動作（あるいは言動）」に対する取り締まり事件を記録したもので、戦時下の朝鮮民衆の意識がよく表われた資料となっている。治安維持法違反事件などの組織的な運動ではなく、主に個人的な意識・認識の表出が「造言飛語」「不穏」「不敬」として取り締まりの対象になっていたのである。

第10巻に収録した**資料88〜102『朝鮮検察要報』**は、植民地期朝鮮における最末期の治安状況を記した貴重な資料である。高等法院検事局が編集して、毎月極秘資料として関係機関に配布されたもので、表紙には「取扱注意」と印刷され、配布番号を記すようになっている。一九四四年三月に印刷された第一号の「はしがき」には、次のように『朝鮮検察要報』の意義と目的が書かれている。

名附けて『朝鮮検察要報』と云ふ。従来の治安特報竝に経済彙報を両つながら所謂発展的解消に運んで之を吸収すると共に普通刑事検察に関するものをも加へて謂はば朝鮮に於ける検察一般に関して注目せらるべき特異の情報を盛り各位の参考に資し併せて相互の連絡に便あらしめんとするものである。

これによれば、『朝鮮検察要報』以前に「治安特報」「経済彙報」と題する資料が作成されていたが、それらを吸収・統合するとともに「普通刑事検察」(一般刑法犯罪に関する検察業務)をも加えて「検察一般」に関する重要情報を関係者に伝える役割を果たすものとして出されることになったというのである。

実際、『朝鮮検察要報』には、経済統制に関する事件情報や全般的な経済状況を記した文章なども多く掲載されている。また、徴用や徴兵を忌避した事件の記録、「造言飛語」や「民心動向」を伝える記事など、戦時末期の社会状況を知る上で貴重な資料となっている。また、治安維持法違反事件など民族運動、共産主義運動に関わる多数の情報も掲載されている。

とりわけ、第二号に掲載されている「内地に於ける京都帝大生等の朝鮮独立運動(京都検事正通報)」が目をひく。これは、よく知られる尹東柱、宋夢奎の治安維持法違反事件に関する情報だが、「公訴事実(昭和一九年二月二二日求公判)」をそのまま掲載したものである点が注目される。内容的には、特高警察の文書や裁判所の判決文などすでに眼にすることのできる資料から知られることと大差はないが、「公訴事実」つまりこれまで知られていなかった尹東柱と宋夢奎の起訴状であることが重要である。二人に対する判決文と比較・対照してみると、判決文が「公訴事実」を一字一句ほとんどそのまま写したものであることがわかる。これは、尹東柱らに対する裁判だけでなく、当時の治安維持法違反事件裁判の一般的傾向であったといえよう。しかし、そのことを確認できる資料をみると、尹東柱と宋夢奎、そして多くの朝鮮人が植民地支配末期に直面した不条理をあらためて感じざるを得ない。

ともあれ、本『資料集成』に『朝鮮検察要報』を収録したことによって、植民地支配の最末期における朝鮮社会の状況を当時の資料によって明らかにし考察を加えることが可能となるものと信じる。

その他の諸資料

資料12、13「朝鮮事情機密通信」第一号、第二号は、編集・発行人が不明の資料だが、内容から見て総督府と深い関係があった人物が関与していたものと考えられる。第二号の末尾に「朝鮮事情親展書面通信―趣意再録―」という記事があり、そこでは「機密通信」について、「内容　朝鮮裏面の事情を通信す」「形式　親展書面を以て報導《(ママ)》す」「回数　不定期／重要問題あらば毎日にても通信を発すべし。重んずるは質にして量にあらず。白紙を墨抹することは我等同人の好まざるところ。大抵毎月一両回たるべし」としている。また、「朝鮮統治の真否、事業の虚実に関する厳正批判」を内容とする「秘文書」、「朝鮮民族性研究に適切なる古典古書、朝鮮問題解決に必要なる近刊論著」などの「研究資料の提供」を事業として行なうとし、そのために月五円の費用負担を求めている（『資料集成』第一巻一一八ページ）。一九二四年一二月に第一号、翌一九二五年二月に第二号が出た後、刊行が続いたのかどうか明らかでない。

第二号に「朝鮮の民心傾向と其の政治運動（批評）」と題する文章が掲載されているが、その末尾に細井肇の名前で、「此の一文は、朝鮮において、機微の事情に通ずる、有力なる一鮮人の、予に送れるものである。観るところ、や、異なるものあれど、大体において、意見よりも報導として、掲載の価値ありと信じ原稿のまゝを各位に致すこと、した」と書かれているので、この通信の編集に朝鮮通の文筆家細井肇（自由討究社社長）が関わっていたことは間違いない。

資料33「本道青年会状況」（全羅南道）は、本『資料集成』に収録した資料の中では異色のものかもしれない。一九二〇年代の「文化政治」期に朝鮮各地で青年会などの名称をもつ団体が組織され、その一部は社会主義思想を受容し実践運動も展開するようになった。一九二〇年に朝鮮青年会連合会、一九二四年に朝鮮青年総同盟が結成されるとともに、各地方では青年会（あるいは青年同盟）が社会運動の中核を担うようになった。植民地支配当局にとって青年運動を抑えるだけではなく、体制に協力する方向に誘導することが必要となっていた。全羅南道が作成したこの資料は、青年団体を指導監督するために出された通牒を収めるとともに、日本「内地」での青年団運動などの参考資料を付けている。「健全な」青年団体を育成しようとする当局の意図がその後、成果をあげたとはいえないが、青年運動に対する具体的な対策を立てていたことを示す資料として興味深いものである。

資料60　朝鮮総督府法務局「朝鮮重大事件判決集」

三一運動や一九二六年の六・一〇運動など独立を求める運動に対する判決文を収録している。これらは治安維持法違反事件ではなく、保安法や制令第七号、爆発物取締罰則などの違反事件として扱われたものである。この資料は法務局が作成したものであるが、高等法院検事局作成の**資料40〜49、51〜55**と比べると、表紙デザインや本文の版組などが非常に似通っている。これらはほとんど同一のシリーズであったとみなしてもよいようだが、**資料60**だけが法務局の名前になっている理由は明らかでない。

資料61「全羅南道光州に於ける内鮮人学生闘争事件の真相並びに鮮内諸学校に及ぼしたる影響」は、本『資料集成』に収録した総督府学務局の資料として唯一のものである。三一運動に関しては、学務局は『騒擾と学校』（一九二一年）を作成していたが[61]、一九二九年から三〇年にかけて起こった抗日学生運動（光州学生運動）は、総督府当局に対しては三一運動に匹敵する、あるいはそれを上回る衝撃を与えるものだったといえる。運動は光州から始まり朝鮮各地に広がり、学生のみならず新幹会や槿友会、青年同盟などの団体でも動きが見られたが、この資料では学生による運動に限定して記述している。本『資料集成』第六巻に収録した**資料68「朝鮮ニ於ケル騒擾事件概況」**の「朝鮮学生事件」や、『光州抗日学生事件資料』（風媒社、一九七九年）などと合わせ見ることによって、光州学生運動の様相をとらえることができよう。

資料65「朝鮮民族運動ノ概況」は、作成者が皇宮警察部となっている点で特異な資料である。本『資料集成』に収録した資料のうち、「内地」の機関が作成した唯一のものである。皇宮警察部は宮内省大臣官房に属する一部局で、職員数も少ない。朝鮮問題に関わることがあまりない皇宮警察部がこのような資料を作成したのはなぜだろうか。まず思い浮かぶのは、一九三二年一月八日皇居桜田門の外で、上海の「韓人愛国団」に加わった李奉昌が東京で昭和天皇行幸の列が皇居桜田門に差し掛かったところに手榴弾を投げた事件（桜田門事件）であろう。手榴弾が投じられたのは天皇が乗る馬車でなく、威力も小さかったため、実害はほとんどなかったが、天皇が狙われたことは日本の当局に衝撃を与えた。それが皇宮警察部が朝鮮の民族運動についての「警察参考資料」の作成につながったと考えることもできる。ただ、作成時期が桜田門事件から五年近く経っているので、直接的な因果関係は弱いように思われる。『皇宮警察史』[62]によれば、桜田門事件以前の一九三〇年から皇宮警察部は警視庁、憲兵隊などとの連絡を密にして、「政治情勢、社会労働運動、鮮台独立運動、右翼国家改造運動、それに関与する軍部の動向などを調査総合」していたが、高等警察事務が増大したため、一九三三年二月にそれまでの視察係を「高等係」に改めて「不敬、不穏事件に関する事項」や「高等機密に関する事項」を扱わせることになったという。その成果の一つが**資料65「朝鮮民族運動ノ概況」**であったと思われる。内容的には、関係各機関から寄せられた情報を記しているだけだが、皇宮警察部が作成したという点で注目される資料なので収録することとした。

資料110「保護観察制度の概要」（京城保護観察所）は、一九三六年一二月に実施された思想犯に対する保護観察制度を解説し、関係法令などを掲載するとともに、一九三八年に結成された時局対応全鮮思想報国連盟の概要を紹介している。保護観察制度の運用などに関しては、資料83「総督訓示及法務局長注意事項集」の中の「保護観察所長会議総督訓示及法務局長注意事項」があり、それらと合わせることによって思想犯に対する統制・監視の仕組みをとらえることができる。

治安関係資料の作成時期

以上で述べてきた朝鮮の治安関係資料のうち、とりわけ定期的に作成されたいくつかの資料がどの時期をカバーしているかを知るために、警務局作成の『高等警察報』『高等外事月報』、高等法院検事局作成の『思想月報』『思想彙報』『朝鮮刑事政策資料』『次席検事注意事項集』『朝鮮検察要報』、そして朝鮮軍参謀部作成の「朝鮮思想運動概況」を対象として、**表9**を作成した。

これを見ると、作成機関は異なるが、現在復刻版の形で見ることができる資料によって、一九三〇年代、四〇年代前半をかなりカバーできることがわかる。もちろん、まだ空白の時期が残っていること、作成機関の立場、目的や職務内容に違いがあることなどを考えれば、今後も資料探索が必要であることを感じざるを得ない。

ともあれ、本『資料集成』が植民地期朝鮮の民族運動、社会運動、さらには社会状況全般を明らかにするための資料として、多くの研究者、市民に利用されることを願っている。

表９　「治安」関係連続刊行物（復刻版があるものに限る）

表題／年	1930	1931	1932	1933	1934	1935	1936	1937	1938	1939	1940	1941	1942	1943	1944	1945
高等警察報				１号	２号、３号	４号	５号	６号								
高等外事月報										７月⇒	⇐９月					
思想月報		４月⇒	⇒	⇒	⇐11月											
思想彙報					12月⇒	⇒	⇒	⇒	⇒	⇒	⇐12月			10月続刊		
朝鮮検察要報															３月⇒	⇐５月
朝鮮刑事政策資料	⇒				⇒	⇒		⇒		⇒	⇒	⇒	⇒	⇒		
次席検事注意事項集												⇒	⇒	⇒	⇒	
朝鮮思想運動概況							前半期	前半期	後半期	前半期・後半期	前半期					

注

（１）高等法院検事局『朝鮮思想検察提要　第一冊』一九二九年?、四五―四八ページ（本『資料集成』第三巻、二八八ページ）。

（２）朴仁植「総督斎藤実の「朝鮮情報委員会」によるプロパガンダ政策」『亜細亜文化研究』第11輯、二〇〇六年〔韓国語〕。

（３）『朝鮮総督府官報』一九二〇年一一月二〇日。

（４）「（彙報）情報委員会設置」『朝鮮』一九二〇年一二月号、一三六―一三七ページ。

(5)「(彙報)情報委員会及情報係」『朝鮮』一九二一年一月号、一四八ページ。
(6)同前。以下の引用文に「内鮮」「鮮人」などの不適切な用語が見られるが、歴史的意味合いをもつものとしてそのまま引用することとする。
(7)「施政宣伝/十六日から各道一斉に」『毎日申報』一九二一年四月一三日。
(8)姜東鎮『日本の朝鮮支配政策史研究——一九二〇年代を中心として——』東京大学出版会、一九七九年。
(9)趙聖九『朝鮮民族運動と副島道正』研文出版、一九九八年。
(10)趙聖九の研究では、『朝鮮』所載の講演録が引用されている。
(11)本『資料集成』第一巻、九六ページ。
(12)「十委員会廃止/廃止内容は何か」『朝鮮日報』一九二四年一二月二四日。
(13)以上の警察機構の変遷については、「未公開資料 朝鮮総督府関係者録音記録(4) 民族運動と「治安」対策」『東洋文化研究』第五号、二〇〇三年三月、の解説(河かおる執筆)などによる。
(14)宮本正明の解題。
(15)池中世は、一九二八年三月に中央大学商学部を卒業した後、『毎日申報』一九三二年二月に「朝鮮人口自然増減についての考察」を連載している。そこでは、肩書が「総督府文書課」となっているが、総督府の職員録では確認できない。解放後の一九四七年頃にはソウル市の職員だったが、一九五〇年六月に仁川市長に任命されている。警察関係者ではなかったと思われるが、なぜこの実話集を翻訳したのか明らかでない。
(16)加藤道也「朝鮮総督府官僚のアイルランド認識——時永浦三を手掛かりとして——」『大阪産業大学経済論集』第一一巻第一号、二〇〇九年九月、同「時永浦三のアメリカ調査報告——アメリカにおける朝鮮独立運動とアイルランド独立運動——」同誌第一一巻第二号、二〇一〇年一月、参照。
(17)『高等警察報』『高等外事月報』については、後者の復刻版に付けられた宮田節子氏の解題を参照されたい。

（18）資料84『高等法院検事長訓示通牒類纂』四七八ページ。本『資料集成』第九巻、二二〇ページ。

（19）復刻版は、高麗大学校亜細亜問題研究所、一九六七年刊。

（20）図書課の機構と人的構成の変化について論じた研究として、鄭根埴「日帝下検閲機構と検閲官の変動」検閲研究会編『植民地検閲　制度・テクスト・実践』ソウル、ソミョン出版、二〇一一年（韓国語）、がある。ただし、同論文三五ページの表「図書課の人的構成の変化」で、一九二七年から三二年までの朝鮮人職員数が一名多くカウントされている（逆に日本人職員数は一名少なくなっている）のは、誤りであろう。「龍興昇」という職員を朝鮮人としてカウントしたためと思われる。龍は日本、朝鮮のいずれでも見られる姓（名字）だが、龍興昇は図書課で映画フィルムの検閲を担当し、戦後は福岡県で映写技術者を務めていたことが確認できる（時事通信社編『映画年鑑　一九六五年版』同社、記録篇八八ページ）。鄭根埴論文の本文では、朝鮮人職員数が正しくカウントされている。

（21）鄭根埴論文、三六ページ。

（22）李孝石が警務局で検閲に関わる仕事をしていたことは、比較的よく知られている。大村益夫・長璋吉・三枝壽勝編訳『朝鮮短編小説選（下）』岩波文庫、一九八四年、の李孝石の略歴にも、「一九三〇年京城帝大法文学部英文科卒業。一時総督府警務局検閲係に就職したが、一ヵ月で辞職」と記されている。

（23）一九四〇年八月に『東亜日報』『朝鮮日報』が廃刊となり、朝鮮語雑誌なども多くが廃刊（あるいは統合）されたため、『朝鮮出版警察概要』を作成する意味が大きく減じたものと思われる。

（24）先に朝鮮総督府の調査資料について述べたところで触れた同資料第二一輯『朝鮮の言論と世相』（一九二七年）は、朝鮮人が新聞、雑誌に発表した朝鮮語の文章を翻訳して「朝鮮の実相を理解する参考資料」するために編集されたものである。総督府官房文書課調査係の序文があるが、実際には警務局図書課が扱う内容のものとなっている。日本の国会図書館所蔵本には、「押印を附したる記事は当局にて治安を妨害する虞あるものと認め発売頒布の禁止竝差押の処分を為したるものなり」と記した付箋が貼ってあり、本文中ではそれに該当する記事の頭に押のスタンプが押されている。官房文書課の名前で作成された資料ではあるが、警務局図書課の協力、資料提供があったことが推測される。

(25)朝鮮憲兵隊に関しては、朝鮮憲兵隊司令部編『朝鮮憲兵隊歴史』第一巻(復刻版、不二出版、二〇〇〇年)の松田利彦「解説　朝鮮憲兵隊小史」を参照。

(26)『酒幕談叢』の第三巻(一九一四年)、第四巻(一九一五年)は、韓国の国会図書館のデジタルサイトhttps://dl.nanet.go.kr/および次のページで原文画像が提供されている。

https://gongu.copyright.or.kr/gongu/wrt/wrt/view.do?wrtSn=9082963&menuNo=200019

また、『酒幕談叢』を利用した研究として、松田利彦「朝鮮民衆は「植民地的近代」をどのように受けとめたか：民情調査資料『酒幕談叢』に見る一九一〇年代の朝鮮社会」『アジア太平洋地域におけるグローバリゼイション、ローカリゼイションと日本文化』Volume 3、二〇一〇年、がある。

(27)『朝鮮総督府官報』一九二五年一月一三日。

(28)アジア歴史資料センター、レファレンスコードC14111037600。『朝鮮憲兵隊歴史』第一巻、復刻版不二出版、二〇〇〇年、にも収録。

(29)一九二五年四月二二日陸軍次官あて朝鮮軍参謀長赤井晴海「鮮内事情統計調査書送付ノ件通牒」に、これらの統計調査書は「当部ノ要求ニ基キ朝鮮憲兵隊司令部ノ調査編纂ニ係リ毎年一回乃至二回補修訂正スルコトニ内定致居候」と書かれていることから推測できる(「鮮内事情統計調査書送付の件」アジア歴史資料センター、レファレンスコードC03022723400)。

(30)「(読後の感)『朝鮮人の篤行美談集』と『内地人反省資録』／朝鮮憲兵隊司令部の善挙」『朝鮮公論』一九三三年六月号、五三ページ。

(31)朝鮮総督府警務局編『光州抗日学生事件資料　朝鮮総督府警務局極秘文書』風媒社、一九七九年。

(32)アジア歴史資料センター、レファレンスコードC01004785700

(33)『職員録』(内閣)印刷局、一九一九年、二九三ページ。

（34）朴慶植編『朝鮮問題資料叢書』第六巻、アジア問題研究所、一九八二年、に収録。

（35）部落解放・人権研究所衡平社史料研究会編（金仲燮、水野直樹監修）『朝鮮衡平運動史料集』解放出版社、二〇一六年、に翻刻・収録。なお、表紙に「別冊「朝鮮ニ於ケル衡平運動」参照」と書かれているが、別冊は所在不明である。

（36）アジア歴史資料センター、レファレンスコードC03022769000

（37）アジア歴史資料センター、レファレンスコードC01003772800

（38）朝参密第一四号、昭和五年二月三日朝鮮軍参謀長「朝鮮軍司令部思想研究委員規定ノ件」アジア歴史資料センター、レファレンスコードC01003892000

（39）朝鮮軍司令部「朝鮮軍参謀部業務分担表」昭和八年一月一日（アジア歴史資料センター、レファレンスコードC01003996900）。

（40）朝鮮軍司令部「朝鮮軍参謀部業務分担表」昭和一二年一一月六日、「朝鮮軍新聞班業務担任区分表」昭和一二年一〇月二〇日（アジア歴史資料センター、レファレンスコードC01004384100）。

（41）日中戦争期に朝鮮軍報道班として新聞などにたびたび登場した鄭勲である。「蒲勲」という日本名も使っていた。

（42）宮田節子「『朝鮮思想運動概況』解説」復刻版『朝鮮思想運動概況』不二出版、一九九一年、二ページ。

（43）検事局思想部に関する以下の叙述は、拙稿「植民地期朝鮮の思想検事」国際日本文化研究センター『国際シンポジウム第三〇集）日本の朝鮮・台湾支配と植民地官僚』（二〇〇八年）をもとにしている。

（44）『朝鮮総督府及附属官署職員録』昭和二年版では京城地方法院通訳生の植山健蔵は書記を兼ねており、昭和三年版では京城覆審法院通訳官となっている。昭和一二年版でも京城覆審法院検事局通訳官を務めていた。

（45）『朝鮮総督府官報』一九二八年一月九日。

（46）『中外日報』一九二八年六月七日。一九二八年五月一二日の『朝鮮総督府官報』では、森浦藤郎は五月一一日付で京城地方法院検事に任命されている。

(47)公文類聚第五十二編・昭和三年・巻六・官職門四・官制四（朝鮮総督府）「朝鮮総督府裁判所職員定員令中改正の件」（アジア歴史資料センター、レファレンスコードA01200577400）。

(48)公文類聚第五十七編・昭和八年・第七巻・官職六・官制六（朝鮮総督府一）「朝鮮総督府裁判所職員定員令中ヲ改正ス」（アジア歴史資料センター、レファレンスコードA01200648100）。

(49)公文類聚第五十六編・昭和七年・巻十・官職門九・官制九（朝鮮総督府二）「朝鮮総督府裁判所職員定員令中ヲ改正ス」（アジア歴史資料センター、レファレンスコードA01200635100）。

(50)公文類聚第五十八編・昭和十年・巻十一・官職門九・官制九（朝鮮総督府三）「朝鮮総督府裁判所職員定員令中ヲ改正ス」（アジア歴史資料センター、レファレンスコードA01200689700）。

(51)（韓国）国家記録院所蔵・日政文書・法務「昭和十四年度新規予算要求書綴」。この文書は「思想係分担事務」と題するタイプ打ち、一枚の文書であるが、「思想係」というのは思想部そのものを指すものと考えられる。

(52)資料84『高等法院検事長訓示通牒類纂』一九四二年、四七六ページ、本『資料集成』第九巻、二一〇ページ。

(53)同前。

(54)『朝鮮思想検察提要―第一冊―』一五―一六ページ。

(55)国史編纂委員会所蔵、大検17「会同巡廻出張ニ関スル記録（一）」昭和一七年。

(56)筆者による坂本一郎・大国正夫両氏よりの聞き取り。一九九六年五月三日・同年六月八日、京都市内両氏の自宅。

(57)崔大教「私が見聞きしたことども」『司法行政』ソウル、第二五巻第四号、一九八四年、七三ページ（韓国語）。

(58)『思想問題講演集』に収録された講演録は、同資料の末尾に記されているように、一九二八年八月から一九三二年八月までの間に行なわれた講演やラジオでの講演記録などである。

(59)『朝鮮刑事政策資料　昭和十年度版』六六―六七ページ（本『資料集成』第七巻、七二ページ）。

(60)本『資料集成』第八巻、一三―一四ページ。

(61)『日本植民地教育政策史料集成　朝鮮篇』第一六巻、龍渓書舎、一九八七年、に復刻版がある。
(62) 皇宮警察史編さん委員会編『皇宮警察史』皇宮警察本部、一九七六年、五三六―五三七ページ。

関連復刻版一覧

・『朝鮮軍概要史』(十五年戦争極秘資料集・第一五集) 不二出版、一九八九年(解説・宮田節子)
・憲兵隊司令部編『朝鮮憲兵隊歴史』全六冊、不二出版、二〇〇〇年(解説・松田利彦)
・朝鮮総督府警務局編『高等外事月報』(十五年戦争極秘資料集・第六集) 不二出版、一九八八年(解説・宮田節子)
・朝鮮軍参謀部編『朝鮮思想運動概況』(十五年戦争極秘資料集・第二八集) 不二出版、一九九一年(解説・宮田節子)
・朝鮮総督府警務局編『朝鮮治安状況　大正一一年版』全二冊、高麗書林、一九八九年
・朝鮮総督府警務局編『朝鮮の治安状況　大正一三年一二月』不二出版、二〇〇六年(解説・宮本正明)
・朝鮮総督府警務局編『朝鮮の治安状況　昭和二年版』青丘文庫(発売・不二出版)、一九八四年
・朝鮮総督府警務局編『朝鮮の治安状況　昭和五年版』青丘文庫(発売・不二出版)、一九八四年
・朝鮮総督府警務局編『最近に於ける朝鮮治安状況:昭和八年・十三年』巌南堂書店、一九六六年
・朝鮮総督府警務局編『最近に於ける朝鮮治安状況　昭和一一年五月』不二出版、一九八六年(解説・水野直樹)
・高等法院検事局編『思想月報』高麗書林、一九九〇年
・高等法院検事局編『思想彙報』高麗書林、一九八八年
・朴慶植編『一九二〇~三〇年代民族運動』(朝鮮問題資料叢書第六巻) アジア問題研究所(発売・三一書房) 一九八二

年（朝鮮軍司令部「不逞鮮人ニ関スル基礎的研究」（一九二四年）、京畿道警察部「治安状況」（一九二九年、一九三一年）、朝鮮総督府警務局「定平農民組合検挙概況」（一九三一年）その他）

・朴慶植編『一九三〇年代民族運動』（朝鮮問題資料叢書第八巻）アジア問題研究所（発売・三一書房）一九八三年（『思想彙報』総目次・主要記事抜粋）

・朴慶植編『植民地下の朝鮮思想状況』（朝鮮問題資料叢書第一一巻）アジア問題研究所（発売・三一書房）一九八九年（京畿道警察部「治安状況」（一九二八年）、朝鮮総督府警務局図書課「咸鏡南道甲山郡火田民家放火事件ト諺文紙」（一九三〇年）、高等法院検事局「朝鮮治安維持法違反調査」（一九二九年）その他）

・水野直樹編『朝鮮総督諭告・訓示集成』全六冊、緑蔭書房　二〇〇一年

Ⅱ　『朝鮮刑事政策資料』索引集

『朝鮮刑事政策資料』索引集凡例

一、本索引集は、『朝鮮刑事政策資料』の各号巻末に掲載されている索引を翻刻したものである。

一、仮名遣いは原文のままとした。ただし旧漢字は新漢字に、異字体は正字に適宜改めた。

一、判別が困難な文字については、当てはまるものを極力調査の上で記載することに努めたが、確定できない場合は■で表した。

（編集部）

昭和五年度版

索引　その一

不敬事件

労働運動

農民運動

学生運動

共産党運動

思想団体行動

警察事務

捜査事務

索引　その二

報告

増員

取締

留　意

昭和九年度版　索　引

昭和十年度版

索　引

昭和十二年度版

索引

昭和十四年度版

索　引

思想事犯

時局関係

軍事関係

司法警察官吏

司法警察事務

昭和十五年度　索引

司法

昭和十六年度版

索　引

思想事犯

時局関係

軍事関係

司法警察官吏

昭和十七年度版

索引

昭和十八年度版

□索引

司法

Ⅲ 『朝鮮検察要報』総目次

『朝鮮検察要報』総目次・凡例

一、本総目次は、『朝鮮検察要報』各号の目次を元に、頁数、報告者名を補って作成したものである。
一、目次と本文中で記載が異なる場合は本文中の表記を優先した。
一、仮名遣いは原文のままとした。ただし旧漢字は新漢字に、異字体は正字に適宜改めた。

（編集部）

第一号　昭和十九年三月

第二号　昭和十九年四月

第三号　昭和十九年五月

第四号　昭和十九年六月

第十二号　昭和二十年二月

編・解説者紹介

水野　直樹（みずの　なおき）
一九五〇年生まれ。
京都大学名誉教授。

主要業績
『「アリランの歌」覚書』共編、岩波書店、一九九二年
『戦時期植民地朝鮮統治資料』復刻版（全七冊）、柏書房、一九九八年
『朝鮮総督諭告・訓示集成』復刻版（全六冊）緑蔭書房、二〇〇一年
『生活の中の植民地主義』編著、人文書院、二〇〇四年
『創氏改名――日本の朝鮮支配の中で』岩波新書、二〇〇八年
『朝鮮衡平運動史料集』監修、解放出版社、二〇一六年
『朝鮮衡平運動史料集・続』監修、解放出版社、二〇二一年
『植民地朝鮮と衡平運動――朝鮮被差別民のたたかい』編著、解放出版社、二〇二三年

朝鮮治安関係資料集成　解説

２０２３年９月29日　第１刷発行

揃定価２、２００円
（本体揃価格２、０００円＋税10％）
ISBN978-4-8350-8564-7

編・解題　水野直樹
発行者　小林淳子
発行所　不二出版 株式会社
〒１１２-０００５
東京都文京区水道２-10-10
電話　０３（５９８１）６７０４
http://www.fujishuppan.co.jp
組版・印刷・製本／昴印刷
乱丁・落丁はお取り替えいたします。

2023 Printed in Japan